I0792809

Vorbemerkung

Für ein Namenbuch, das sowohl die philologischen als auch die historischen Aspekte des Materials berücksichtigt, ist es unerläßlich, dem Benutzer zugleich mit dem Erscheinungstermin der ersten Lieferung ein vollständiges Quellenverzeichnis zur Verfügung zu stellen. Anders verhält es sich mit dem Literaturverzeichnis, das aus verständlichen Gründen zu Beginn der Publikation noch nicht in der Endfassung vorliegen kann. Überdies gebietet der Erscheinungszeitraum, ein sogenanntes mitwachsendes Literaturverzeichnis vorzusehen, um auch die Artikel der letzten Lieferung mit den aktuellen Ergebnissen der Sekundärliteratur versehen zu können.

Wien, im November 1988

Isolde Hausner
Elisabeth Schuster

Inhaltsverzeichnis

Quellenverzeichnis

Acht: Tegernsee-Ebersberger Vogteifälschungen
Peter Acht, Die Tegernsee-Ebersberger Vogteifälschungen. In: ArchivalZ 47 (1951), S. 135—188.

Acta Imp, Böhmer
Acta imperii selecta. Urkunden deutscher Könige und Kaiser mit einem Anhange von Reichssachen. Aus dem Nachlaß J. F. Böhmers hg. v. J. Ficker. Innsbruck 1870. Neudruck Aalen 1967.

Acta Imp, Stumpf HI—HVI
Acta imperii inde ab Heinrico I. ad Heinricum VI. usque adhuc inedita. Urkunden des Kaiserreiches aus dem 10., 11. und 12. Jh. Hg. v. K. F. Stumpf-Brentano. (= Die Reichskanzler Bd 3). Innsbruck 1865—1881. Neudruck Aalen 1960 u. 1964.

Acta Karol
Acta regum et imperatorum Karolinorum digesta et enarrata. Die Urkunden der Karolinger ges. u. bearb. v. Theodor Sickel. 2 Tle (T. 1: Urkundenlehre. T. 2: Urkundenregesten 751—840). Wien 1867.

AFürst Wallerstein
Fürstlich-Öttingen-Wallersteinisches Haus- und Familienarchiv. D-8862 Wallerstein, Fürstliche Domanialkanzlei.

AGesch, Hormayr
Archiv für Geschichte, Statistik, Literatur und Kunst. Hg. v. J. Freiherr v. Hormayr. Jg. 18. Wien 1827. — S. 750f.: Xerokopie NÖLA, kollationiert (Or: StiA Herzogenburg).

AGrf Ortenburg, Tambach
Gräflich Ortenburgisches Archiv Tambach. D-8631 Tambach.

AMun Reims
Archives municipales de Reims. Dópot des Archives de la Marne. 129 avenue de l'Yser. F-51100 Reims.

Ann Admunt
Annales Admuntenses. Hg. v. W. Wattenbach. In: SS 9 (1851), S. 569—593. Nachdruck 1983.

Ann Alaman
Annales Alamannici. Hg. v. C. Henking. In: MVGSGall 19 (NF 9 [1884]), S. 224—265. (Auch in: SS 1 [1826], S. 22—56. Nachdruck 1976).

Ann AltahMaior
Annales Altahenses maiores. Hg. v. W. Giesebrecht u. E. Oefele. In: SS 20 (1868), S. 772—824. (Auch in: SS in us. schol. 4 [1891]. Nachdruck 1979).

Ann August
Annales Augustani. Hg. v. G. H. Pertz. In: SS 3 (1839), S. 123—136 u. SS 10 (1852), S. 8—11.

Ann Babenberg
Annales et notae Babenbergenses. Hg. v. Ph. Jaffé. In: SS 17 (1861), S. 634—639.

Ann Claust
Annales Austriae. Continuatio Claustroneoburgensis II. Hg. v. W. Wattenbach. In: SS 9 (1851), S. 613—624. Nachdruck 1983.

Ann Cremif
Annales Austriae. Continuatio Cremifanensis. Hg. v. W. Wattenbach. In: SS 9 (1851), S. 544—549. Nachdruck 1983.

Ann Fuld
Annales Fuldenses sive Annales Regni Francorum orientalis. Hg. v. F. Kurze. SS in us. schol 7 (1891). Nachdruck 1978. (Auch in: SS 1 [1826], S. 95 u. S. 337—415. Nachdruck 1976; SS 2 [1829], S. 237. Nachdruck 1976; SS 3 [1839], S. 116—117).

Ann Garst
Annales Austriae. Auctarium Garstense. Hg. v. W. Wattenbach. In. SS 9 (1851), S. 561—569 (Auctarium Garstense), S. 593—600 (Continuatio Garstensis). Nachdruck 1983.

Ann Gotwic
Annales Austriae. Annales Gotwicenses. Hg. v. W. Wattenbach. In: SS 9 (1851), S. 600—604. Nachdruck 1983.

Ann Hildesh
Annales Hildesheimenses. Hg. v. G. Waitz. In: SS in us. schol. 8 (1878). Nachdruck

1947. (Auch in: SS 3 [1839], S. 18—22, 42—70, 90—112).

Ann Iuvav
Annales Iuvavenses maiores, Annales Iuvavenses minores. Hg. v. G. H. Pertz. In: SS 1 (1826), S. 86—89. Nachdruck 1976. Annalicum Iuvavensium supplementum SS 3 (1839), S. 121—123.

Ann IuvavAnt
Annales ex Annalibus Iuvavensibus antiquis excerpti. Hg. v. H. Bresslau. In: SS 30/2 (1934), S. 727—744. Nachdruck 1976.

Ann Lambac
Annales Austriae. Auctarium Lambacense. Continuatio Lambacensis. Hg. v. W. Wattenbach. In: SS 9 (1851), S. 555—561. Nachdruck 1983.

Ann Magdeb
Annales Magdeburgenses. Hg. v. G. H. Pertz. In: SS 16 (1859), S. 105—196.

Ann Marbac
Annales Marbacenses qui dicuntur. (Cronica Hohenburgensis cum continuatione et additamentis Neoburgensibus). Hg. v. H. Bloch. In: SS in us. schol. 9 (1907). Nachdruck 1979. (Auch in: SS 17 [1861], S. 142—180).

Ann Mellic
Annales Austriae. Annales Mellicenses. Auctarium Mellicense. Hg. v. W. Wattenbach. In: SS 9 (1851), S. 479—537. Nachdruck 1983.

Ann Ottenbur
Annales Ottenburani. Hg. v. G. H. Pertz. In: SS 5 (1844), S. 1—9.

Ann Ottenbur, Isingr
Annales Ottenburani Isingrimi et minores. Hg. v. G. H. Pertz. In: SS 17 (1861), S. 311—318.

Ann Pegav
Annales Pegavienses et Bosovienses. Hg. v. G. H. Pertz. In: SS 16 (1859), S. 232—270.

Ann RatisbFragm
Annalium Ratisbonensium maiorum fragmentum. Hg. v. G. Waitz. In: SS 13 (1881), S. 48—50.

Ann Ratisb(Suppl)
Annales Ratisponenses. Hg. v. W. Wattenbach. In: SS 17 (1861), S. 577—590. Annalium Ratisponensium supplementum. Hg. v. F. Baethgen. In: SS 30/2 (1934), S. 745—747. Nachdruck 1983.

Ann RegniFranc
Annales regni Francorum inde ab a. 741 usque ad a. 829, qui dicuntur annales Laurissenses maiores et Einhardi. Hg. v. F. Kurze. In: SS in us. schol. 6 (1895). Nachdruck 1950. (Auch in: SS 1 [1826], S. 124—218. Nachdruck 1976).

Ann Reichersb
Annales Reicherspergenses (ex cod. Aldersbacensi). Annales magni presbyteri Reicherspergensis. Hg. v. W. Wattenbach. In: SS 17 (1861), S. 439—476.

Ann Rod
Annales Rodenses, Facsimile-uitgave. Van transcriptie, tekstkritische noten en een inleiding voorzien door Petrus Cornelius Boeren en Gerard Willem Augustinus Panhuysen. Assen 1968. (Auch in: SS 16 [1859], S. 688—723).

Ann Rosenveld
Annales Rosenveldenses. Hg. v. G. H. Pertz. In: SS 16 (1859), S. 99—104.

Ann SAegidiBrunsv
Annalium S. Aegidii Brunsvicensium excerpta. Hg. v. L. Heinemann. In: SS 30/1 (1896), S. 6—15. Nachdruck 1976.

Ann Salisb
Annales Salisburgenses. Hg. v. G. H. Pertz. In: SS 1 (1826), S. 89—90. Nachdruck 1976.

Ann Scheftlar
Annales Scheftlarienses maiores. Hg. v. Ph. Jaffé. In: SS 17 (1861), S. 334—350.

Ann SDisib
Annales Sancti Disibodi. Hg. v. G. Waitz. In: SS 17 (1861), S. 4—30.

Ann SEmmer
Annales et Notae S. Emmerammi Ratisbonenses. Hg. v. Ph. Jaffé. In: SS 17 (1861), S. 567—576.

Ann SEmmerMin
Annales S. Emmerammi Ratisponensis mi-

nores. Hg. v. G. Waitz. In: SS 13 (1881), S. 47—48.

Ann SGall
Die annalistischen Aufzeichnungen des Klosters St. Gallen. Hg. v. C. Henking. In: MVGSGall 19 (NF 9 [1884]), S. 195—219 u. S. 265—328. (Auch in: SS 1 [1826], S. 61—63, 69—85. Nachdruck 1976).

Ann SRudbertiSalisbBrev
Sancti Rudberti Salisburgensis annales breves a. 991—1168. Hg. v. W. Wattenbach. In: SS 9 (1851), S. 757—758. Nachdruck 1983.

Ann Yburg
Annales Yburgenses. Hg. v. G. H. Pertz. In: SS 16 (1859), S. 434—438.

Ann Zwetl
Annales Austriae. Continuatio Zwetlensis prima. Auctarium Zwetlense. Continuatio Zwetlensis altera. Hg. v. W. Wattenbach. In: SS 9 (1851), S. 537—544. Nachdruck 1983.

Annal Saxo
Annalista Saxo. Hg. v. G. Waitz. In: SS 6 (1844), S. 542—777. Nachdruck 1980.

AÖG 2
Urkunden und geschichtliche Notizen, die sich in den Handschriften des Cistercienserstiftes Zwetl finden. Mitgetheilt von J. v. Frast, Priester dieses Stiftes. In: AÖG 2 (1849), S. 361—427.
Urkunden des Prämonstratenser-Stiftes Geras. Zusammengestellt und erläutert von Th. Mayer. In: AÖG 2 (1894), S. 9—11.

AÖG 6
Spicilegium von Urkunden aus der Zeit der österreichischen Babenbergerfürsten. Hg. v. Th. Mayer. In: AÖG 6 (1851), S. 273—318.

AÖG 9
Die ältesten Urkunden des Kanonikatsstiftes Sanct Georgen in Unterösterreich von 1112—1244. Hg. v. W. Bielsky. In: AÖG 9 (1853), S. 236—350. — NÖLA Filmarchiv Nr 49, kollationiert (Or: StiA Herzogenburg).

AÖG 46
Geschichte des einstigen Kollegiats-Stiftes Ardagger in Niederösterreich. Hg. v. G. E. Friess. In: AÖG 46 (1871), S. 421—561.

Baumgartenb Ausgabenverz
Quellen zur Wirtschaftsgeschichte Oberösterreichs und ein Necrologium des ehemaligen Cistercienserstiftes Baumgartenberg. V. K. Schiffmann. In: StudMittBened 20 (1899), s. 164.

BellSax, Bruno
(De bello Saxonico). Brunos Buch vom Sachsenkrieg. Hg. v. H.—E. Lohmann. In: MGH. Deutsches Mittelalter. Kritische Studientexte Bd 2. Leipzig 1937. Nachdruck 1980. (Auch in: SS 5 [1844], S. 327—384 u. SS in us. schol. 15 [1843]).

Cat ArchSalisb
Catalogi archiepiscoporum Salisburgensium. Hg. v. O. Holder-Egger. In: SS 13 (1881), S. 350—356.

Cat PresIuvav
Catalogus presulum Iuvavensium. Hg. v. W. Wattenbach. In: SS 11 (1854), S. 19—25.

CD Bohem
Codex diplomaticus et epistolaris regni Bohemiae. Bd 1. Hg. v. G. Friedrich. Prag 1904—1907.

CD Ratisb
Codex chronologico-diplomaticus episcopatus Ratisbonensis. Hg. v. Th. Ried, Bd 1. Regensburg 1816.

CD SaxR
Codex diplomaticus Saxoniae Regiae. Hg. v. O. Posse u. H. Ermisch. I. Hauptt. 3 Bde. Leipzig 1882—1898.

C Falkenstein
Codex Falkensteinensis. Die Rechtsaufzeichnungen der Grafen von Falkenstein. Hg. v. E. Noichl. QE NF 29 (1978).

C Hirs
Codex Hirsaugensis. Hg. v. E. Schneider. In: WürtGQ, Ältere Serie I. Stuttgart 1887. (Teildruck in: SS 14 [1883], S. 254—265. Nachdruck 1963).

Chr AustriaeMellic
Breve Chronicon Austriae Mellicense. Hg. v. W. Wattenbach. In: SS 24 (1879), S. 69—71. Nachdruck 1975.

Chr Benedictobur
Chronicon Benedictoburanum. Hg. v. W. Wattenbach. In: SS 9 (1851), S. 210—237. Nachdruck 1983. — Kollationiert mit KL Benediktbeuern Nr 8 (=Rotulus historicus) u. Nr 9 fol. 1—14'.

Chr ColonRegia
Chronicon regia Coloniensis. (Annales maximi Colonienses) cum continuationibus in monasterio S. Pantaleonis scriptis aliisque historiae Coloniensis monumentis. Hg. v. G. Waitz. In: SS in us. schol. 18 (1880). Nachdruck 1978. (Auch in: SS 17 [1861], S. 723—847; SS 24 [1879], S. 1—20. Nachdruck 1975).

Chr Ebersperg
Chronicon Eberspergense. Hg. v. W. Arndt. In: SS 20 (1868). S. 9—16.

Chr EpHildesh
Chronicon episcoporum Hildesheimensium. Hg. v. G. H. Pertz. In: SS 7 (1846), S. 845—873.

Chr Gozec
Die Gosecker Chronik. (Chronicon Gozecense 1041—1135). Hg. u. eingeleitet v. R. Ahlfeld. In: JGMitteldt 16/17 (1968), S. 1—49. Auch in: SS 10 [1852], S. 140—157).

Chr Gurcense
Chronicon Gurcense. Hg. v. W. Wattenbach. In: SS 23 (1874), S. 8—10.

Chr Hanon, Gisleb
Gislebert de Mons, Chronicon Hanoniense (1068—1195). Hg. v. L. Vanderkindere. (Commission royale d'histoire). Bruxelles 1904. (Auch in: SS 21 [1869], S. 481—622. Nachdruck 1963 u. SS in us. schol. 29 [1869]).

Chr HerimAug (Cont)
Herimannis Augiensis Chronicon. Hg. v. G. H. Pertz. Continuatio Herimanni codicis Sangallensis auctore, ut videtur, Bertholdo. Hg. v. G. Waitz. In: SS 5 (1844), S. 67—133 u. SS 13 (1881), S. 730—732. (Auch in: SS 5 [1844], S. 264—326).

Chr Hugonis
Chronicon Hugonis monachis Virdunensis et Divionensis, abbatis Flaviniacensis. Hg. v. G. H. Pertz. In: SS 8 (1848), S. 280—503.

Chr Ottenbur
Chronicon Ottenburanum. Hg. v. L. Weiland. In: SS 23 (1874), S. 609—630.

Chr OttoFris
Ottonis episcopi Frisingensis Chronica sive Historia de duabus civitatibus. Hg. v. A. Hofmeister. In: SS in us. schol. 45 (2. Aufl., 1912). Nachdruck 1984. (Auch in: SS 20 [1868], S. 83—337).

Chr ReginPrum (Cont)
Reginonis abbatis Prumiensis Chronicon cum continuatione Treverensi. Hg. v. F. Kurze. In: SS in us. schol. 50 (1890). Nachdruck 1978. (Auch in: SS 1 [1826], S. 537—629. Nachdruck 1976).

Chr Reichersb
Chronica Reichersbergensis a Magno presbytero. Hg. v. W. Wattenbach. In: SS 17 (1861), S. 476—523.

Chr SGeorgenberg
Chronik der Benediktiner-Abtei St. Georgenberg nun Fiecht in Tirol. Autor unbekannt. Innsbruck 1874.

Chr Sigeberti
Sigeberti Gemblacensis Chronographia. Hg. v. L. C. Bethmann. In: SS 6 (1844), S. 268—374. Nachdruck 1980.

C Laur
Codex Laureshamensis. Bearb. u. neu hg. v. K. Glöckner. 3 Bde. (=Arbeiten der Historischen Kommission für den Volksstaat Hessen). Darmstadt 1929—1936. Neudruck 1963. — Dat. u. Lok. unter Berücksichtigung von: Karl Josef Minst, Lorscher Codex. Deutsch. 2. Aufl. Lorsch 1974.

Consecr Claustroneob
Consecratio Claustroneoburgensis. Hg. v. A. Hofmeister. In: SS 30/2 (1934), S. 786—787. Nachdruck 1976.

Constit
Constitutiones et acta publica imperatorum et regum. In: MGH. Legum. Sectio IV. Hg. v. L. Weiland. Bd 1 u. 2. Hannover 1893, 1896. Nachdruck 1963.

ConversioBagCarant
Conversio Bagoariorum et Carantanorum. Hg. v. H. Wolfram. Böhlau Quellenbücher. Wien-Köln-Graz 1979. (Auch in: SS 11 [1854], S. 1—14).

Cosmas v. Prag
Die Chronik der Böhmen des Cosmas von Prag. (Cosmae Pragensis Chronica Boemorum). Hg. v. B. Bretholz. SS NS 2 (1923). Neudruck 1955. (Auch in: SS 9 [1851], S. 1—132. Nachdruck 1983).

C Wang
Codex Wangianus. Urkundenbuch des Hochstiftes Trient, begonnen unter Friedrich von Wangen, Bischof von Trient und Kaiser Friedrich's II. Reichsvikar für Italien. Fortges. v. seinen Nachfolgern. Hg. v. R. Kink. FRA II/5 (1852). Nachdruck 1964.

D Arduin
s. MGH. Diplomata regum et imperatorum Germaniae. 3. Bd.

D Arn
s. MGH. Diplomata regum Germaniae ex stirpe Karolinorum. 3. Bd.

Ded Telfs
(Dedicationes ecclesiae in Telfs). Archiv-Berichte aus Tirol. Von E. v. Ottenthal u. O. Redlich. (=Mitteilungen der dritten [Archiv-] Sektion der k. k. Central-Commission zur Erforschung und Erhaltung der Kunst- und historischen Denkmale, Bd 1). Wien 1888. (Auch in: SS 15/2 [1888], S. 1288. Nachdruck 1963).

D FI
s. MGH. Diplomata regum et imperatorum Germaniae. 10. Bd.

D HI
s. MGH. Diplomata regum et imperatorum Germaniae. 1. Bd.

D HII
s. MGH. Diplomata regum et imperatorum Germaniae. 3. Bd.

D HIII
s. MGH. Diplomata regum et imperatorum Germaniae. 5. Bd.

D HIV
s. MGH. Diplomata regum et imperatorum Germaniae. 6. Bd.

D H(VI)
s. MGH. Diplomata regum et imperatorum Germaniae. 9. Bd.

D KIII
s. MGH. Diplomata regum Germaniae ex stirpe Karolinorum. 2. Bd.

D Karlm(I)
s. MGH. Germaniae Historica. Diplomata Karolinorum. 1. Bd.

D Karlm(II)
s. MGH. Diplomata regum Germaniae ex stirpe Karolinorum. 1. Bd.

D KdGr
s. MGH. Germaniae Historica. Diplomata Karolinorum. 1. Bd.

DKoI
s. MGH. Diplomata regum et imperatorum Germaniae. 1. Bd.

D KoII
s. MGH. Diplomata regum et imperatorum Germaniae. 4. Bd.

D KoIII
s. MGH. Diplomata regum et imperatorum Germaniae. 9. Bd.

D LdD
s. MGH. Diplomata regum Germaniae ex stirpe Karolinorum. 1. Bd.

D LdJ
s. MGH. Diplomata regum Germaniae ex stirpe Karolinorum. 1. Bd.

D LoIII
s. MGH. Diplomata regum et imperatorum Germaniae. 8. Bd.

D OI
s. MGH. Diplomata regum et imperatorum Germaniae. 1. Bd.

D OII
s. MGH. Diplomata regum et imperatorum Germaniae. 2. Bd, 1. T.

D OIII
s. MGH. Diplomata regum et imperatorum Germaniae. 2. Bd, 2.T.

DOZA
Zentralarchiv des Deutschen Ordens. Singerstraße 7, 1010 Wien.

D Pippin
s. MGH. Germaniae Historica. Diplomata Karolinorum. 1. Bd.

D Richenza
s. MGH. Diplomenta regum et imperatorum Germaniae. 8. Bd.

D Zwent
s. MGH. Diplomata regum Germaniae ex stirpe Karolinorum. 4. Bd.

EginoAbb
De Eginone abbate SS. Udalrici et Afrae et Herimanno episcopo Augustano auct. Oudalscalco abbate. Hg. v. Ph. Jaffé. In: SS 12 (1856), S. 429—447.

FRA II/10
Urkundenbuch des Stiftes Klosterneuburg bis zum Ende des 14. Jahrhunderts. Hg. v. H. Zeibig. FRA II/10 (1857). (Or: StiA Klosterneuburg, kollationiert).

Friess: Kuenring
Gottfried Edmund Friess, Die Herren von Kuenring. Ein Beitrag zur Adelsgeschichte des Erzherzogtums Österreich unter der Enns. Wien 1874.

Fund Baumburg
Fundatio monasterii Baumburgensis. Hg. v. O. Holder-Egger. In: SS 15/2 (1888), S. 1061—1064. Nachdruck 1963.

Fund Berchtesgad
Fundatio monasterii Berechtesgadensis. Hg. v. O. Holder-Egger. In: SS 15/2 (1888), S. 1064—1066. Nachdruck 1963.

Fund Ebrac
Fundatio monasterii Ebracensis. Hg. v. O. Holder-Egger. In: SS 15/2 (1888), S. 1040—1042. Nachdruck 1963.

GermPont
Germania pontificia sive repertorium privilegiorum et litterarum a Romanis pontificibus ante annum MCLXXXXVIII Germaniae ecclesiis ... concessorum. Hg. v. A. Brackmann. Regesta Pontificum Romanorum. Bd 1, T. 1: Provincia Salisburgensis I. T. 2: Provincia Salisburgensis II et Episcopatus Tridentinus. Bd 2, T. 1: Diocese Eichstettensis, Augustensis, Constantiensis, T. 2: Helvetia pontificia. Bd 3: Provincia Maguntinensis. Berlin 1910/11—1935.

GermPont Vorarb
Albert Brackmann, Studien und Vorarbeiten zur Germania Pontificia, I. Die Kurie und die Salzburger Kirchenprovinz. Berlin 1912.

Gersdorf: Urkundensammlung
Die Urkundensammlung der Deutschen Gesellschaft. Hg. v. E. G. Gersdorf. In: Mitteilungen der Deutschen Gesellschaft zur Erforschung vaterländischer Sprache und Alterthümer in Leipzig. Bd 1. H. 1. Leipzig 1856, S. 129—132.

GeschBeilagen XIV
Alois Plesser, Zur Kirchengeschichte des Waldviertels vor 1627. Geschichtliche Beilagen zum St. Pöltner Diözesan-Blatt. Hg. v. Bischöflichen Ordinariat in St. Pölten. Bd 14. St. Pölten 1954.

Gesta ArchMagdeb
Gesta archiepiscoporum Magdeburgensium. Hg. v. W. Schum. In: SS 14 (1883), S. 361—418. Nachdruck 1963.

Gesta EpFrising
Gesta episcoporum Frisingensium. Hg. v. G. Waitz. In: SS 24 (1879), S. 314—324. Nachdruck 1975.

Gesta Frederici, OttoFreis
Otto von Freising und Rahewin. Die Taten Friedrichs. Ottonis episcopi Frisingensis et Rahewini Gesta Frederici seu rectius cronica. Hg. v. F.-J. Schmale. In: Ausgewählte Quellen zur deutschen Geschichte des Mittelalters, Freiherr vom Stein-Gedächtnisausgabe. Bd 17. 2. Aufl. Darmstadt 1974. (Auch in: SS 20 [1868], S. 338—493 u. SS in us. schol. 46 [1884/1912]. Nachdruck 1978).

Gesta Treveror (Cont)
Gesta Treverorum u. Gesta Treverorum continuata. Hg. v. G. Waitz. In: SS 8 (1848), S. 111—200 u. SS 24 (1879), S. 368—389. Nachdruck 1975.

Herde: RanshUrk
Peter Herde, Ranshofener Urkundenstudien. Eine Petition an Papst Clemens IV und zwei verfälschte Diplome Heinrichs III. In: ZBLG 24 (1961), S. 183—228.

HHStA
Haus-, Hof- und Staatsarchiv Wien. Minoritenplatz 1, 1010 Wien. (AUR = Allgemeine Urkundenreihe).

Hist MonManse
Historia monasterii Manse metrica. Hg. v. O. Holder-Egger. In: SS 15/2 (1888), S. 1099—1105. Nachdruck 1963. (Auch in: UB OÖ 1, S. 102 ff.).

Hist Welf
Historia Welforum. Neu hg., übers. u. erläutert v. E. König. In: Schwäbische Chroniken der Stauferzeit. Bd 1. Stuttgart u. Berlin 1938, S. 2—68. (Auch in: SS 21 [1869], S. 454—471. Nachdruck 1963; SS in us. schol. 43 [1869], S. 5—41).

Hist WelfContStaingad
Historia Welforum. Continuatio Staingademensis. In: Hist Welf, S. 68—75. (Auch in: SS 21 [1869], S. 471—472. Nachdruck 1963. SS in us. schol. 43 (1869), S. 41—44).

HL Freising
HStA München. Hochstiftsliteralien Freising.

HL Passau
HStA München. Hochstiftsliteralien Passau Nr 1 u. 2 (Druck: M Boica 28 b [1829], S. 99—192). Nr 3 (Druck: ebda. S. 193—545). Nr 7.

Hormayr: Bayern
Joseph Freiherr v. Hormayr, Die Bayern im Morgenlande. Gedächtnißrede zum drei und siebenzigsten Stiftungstage der Königlich bayerischen Akademie der Wissenschaften. In: Des Freiherrn Joseph von Hormayr zu Hortenburg kleine historische Schriften und Gedächtnißreden. München 1832, S. 1—38.

Hormayr: Beitr 2
Joseph Freiherr v. Hormayr, Kritisch-diplomatische Beyträge zur Geschichte Tirols im Mittelalter. Mit mehreren hundert ungedruckten Urkunden. Bd 2. Wien 1804.

Hormayr: Hohenschwangau
Joseph Freiherr v. Hormayr, Die goldene Chronik von Hohenschwangau, der Burg der Welfen, der Hohenstauffen und der Scheyren. München 1842.

Hrotsuith Gand
Hrotsuitha (Gandersheimensis) opera. Hg. v. P. v. Winterfeld. In: SS in us. schol. 34 (1902). (Auch in: SS 4 [1841], S. 302—335. Nachdruck 1982).

HStA München
Bayerisches Hauptstaatsarchiv München. Abt. 1: Allgemeines Staatsarchiv. Schönfeldstraße 5—11. Abt. 2: Geheimes Staatsarchiv. Abt. 3: Geheimes Hausarchiv. Ludwigstraße 14, D-8000 München 2.

HU Augsb-Dk
HStA München. Hochstiftsurkunden Augsburg-Domkapitel. (Teildruck in: M Boica 33 [1841/42], S. 5—49).

HU Augsb, Vock
Die Urkunden des Hochstifts Augsburg. Hg. v. W. E. Vock. VeröffSchwäbForschGem, Reihe 2a: Urkunden und Regesten. Bd 7. Augsburg 1959. — Or kollationiert.

HU Bamberg
HStA München. Hochstiftsurkunden Bamberg Nr 1 — 417 u. 466.

HU Brixen
Die Urkunden der Brixner Hochstifts-Archive 845—1295. Hg. v. L. Santifaller. Schlern-Schriften 15 (1929).

HU Eichstätt
Urkunden des Hochstifts Eichstätt. In: M Boica 49 (1911) u. 50 (1932). (Or: HStA München, kollationiert).

HU Freising
HStA München, Hochstiftsurkunden Freising.

HU Freising, Hundt
Friedrich Hector Graf Hundt, Bayrische Urkunden aus dem XI. u. XII. Jahrhundert. AbhhAkadMünchen Bd 14., 2. Abt. München 1878.

HU Passau
HStA München. Hochstiftsurkunden Passau. (Teildruck in: M Boica 28 b [1829] u. 29 b [1831]).

HU Passau-Dk
HStA München. Hochstiftsurkunden Passau-Domkapitel. (Teildruck in: M Boica 28 b [1829]).

HU Regensburg
HStA München. Hochstiftsurkunden Regensburg.

HU Würzburg
HStA München. Hochstiftsurkunden

Würzburg. (Druck: M Boica 37–46 [1864–1905]).

Hueber: Melk
Philibertus Hueber, Austria ex archivis Mellicensibus illustrata. Leipzig 1722. – S. 9 Nr 8: Xerokopie NÖLA, kollationiert (Or: StiA Melk), zu S. 4f. Nr 5 s. Lechner: Pergkirchen.

Hugo Floriac
Hugonis Floriacensis opera historica. Editio altera libris VI digesta. Hg. v. G. Waitz. In: SS 9 (1851), S. 354–364. Nachdruck 1983.

Hund: Metr Salisb
Hund à Sultzenmos, Wiguleis: Metropolis Salisburgensis, continens primordia christianae religionis per Boiariam et loca quaedam vicina ... Ed. II: Accesserunt praeter diplomata summor. P. P. Impp. Regum, Principum et c. historiae insuper continuationem notae Christophori Gewoldi. 3 Bde. Monachi 1620. (Ed. III: Ratispone 1719 = Nachdruck v. Ed. II).

Iter Ludov VII
Ex Odonis de Deogilo libro de via Sancti Sepulchri a Ludvico VII. Francorum rege suscepta. Hg. v. G. Waitz. In: SS 26 (1882), S. 59–73. Nachdruck 1975.

Kä LA
Kärntner Landesarchiv. Landhaus, 9010 Klagenfurt (AUR = Allgemeine Urkundenreihe).

Kaiserchr
Die Kaiserchronik eines Regensburger Geistlichen. Hg. v. E. Schröder. In: MGH. Deutsche Chroniken und andere Geschichtsbücher des Mittelalters. Bd I, 1. Hannover 1890. Nachdruck 1969.

KaiserU Westf
Die Kaiserurkunden der Provinz Westfalen. Bearb. v. R. Wilmanns (Bd 1: 777–900) u. F. Philippi (Bd 2: 901–1254). Münster 1867, 1881.

Keiblinger: Melk 1
Ignaz Franz Keiblinger, Geschichte des Benedictiner-Stiftes Melk in Niederösterreich, seiner Besitzungen und Umgebungen. Bd 1: Geschichte des Stiftes. Wien 1851. – S. 1135 Nr 1: Xerokopie NÖLA, kollationiert (Or: StiA Melk).

Keiblinger: Melk 2/1
Ignaz Franz Keiblinger, Geschichte des Benedictiner-Stiftes Melk in Niederösterreich, seiner Besitzungen und Umgebungen. Bd 2, 1. Abt.: Besitzungen in den Vierteln ob und unter dem Wiener-Walde. Wien 1869.

Keiblinger: Melk 2/2
Ignaz Franz Keiblinger, Geschichte des Benedictiner-Stiftes Melk in Niederösterreich, seiner Besitzungen und Umgebungen. Bd 2, 2. Abt.: Besitzungen in den Vierteln ob und unter dem Manhartsberge. Wien 1869. – S. 242 Nr 3: Xerokopie NÖLA, kollationiert (Or: StiA Melk).

KL Asbach
HStA München. Klosterliteralien Asbach.

KL Baumburg
HStA München. Klosterliteralien Baumburg Nr 2 u. Nr 9.

KL Berchtesgaden
HStA München. Klosterliteralien Berchtesgaden Nr 2 (Kopialbuch).

KL Biburg
HStA München. Klosterliteralien Biburg Nr 2 ⅓ (Kopialbuch).

KL Formbach
HStA München. Klosterliteralien Formbach (heute Vornbach) Nr 2, 3, 4, 5, 7 u. 6 ½ (Teildruck in: M Boica 4 [1765]; UB Salzbg 2; UB OÖ 1).

KL Frauenchiemsee
HStA München. Klosterliteralien Frauenchiemsee Nr 91 (fol. 21 gedruckt in: UB Salzbg 2 Nr 389 u. Nr 409).

KL Freising-SAndreas
HStA München. Klosterliteralien Freising-St. Andreas Nr 162 fol. 143/4 u. Nr 166 fol. 68.

KL Kaisheim
HStA München. Klosterliteralien Kaisheim Nr 168.

KL Mallersdorf
HStA München. Klosterliteralien Mallersdorf Nr 1 fol. 3 u. fol. 89.

KL Michelfeld
HStA München. Klosterliteralien Michelfeld Nr 67.

KL Niederalteich
HStA München. Klosterliteralien Niederalteich Nr 39 (=Breviarius Urolfi 1. Fassung. Druck in: Roth: Beiträge 3, S. 17 ff.; Neubearbeitung von H. Tiefenbach in BNF, Beiheft, in Vorbereitung).

KL Ottobeuren
HStA München. Klosterliteralien Ottobeuren Nr 8: Chronologia Ottenburana R. P. Galli Sandholzer manu propria scripta.

KL Polling
HStA München. Klosterliteralien Polling.

KL Ranshofen
HStA München. Klosterliteralien Ranshofen Nr 1, 3, 4, 5 u. 32.

KL Regensb-SEmmeram
HStA München. Klosterliteralien Regensburg-St. Emmeram Nr 5 ½ u. 5 ⅓. Kopialbücher.

KL Reichensbach
HStA München. Klosterliteralien Reichenbach.

KL SZeno
HStA München. Klosterliteralien St. Zeno Nr 40. (Teildruck in: M Boica 3 [1764]).

KL Weihenstephan
HStA München. Klosterliteralien Weihenstephan Nr 5 ½ u. Nr 11. (Druck: M Boica 9 [1767] u. 17 [1887]).

KL Wessobrunn
HStA München. Klosterliteralien Wessobrunn Nr 3a.

KL Windberg
HStA München. Klosterliteralien Windberg Nr 4.

KU Aldersbach
HStA München. Klosterurkunden Aldersbach. (Teildruck in: M Boica 5 [1765], S. 289—452).

KU Altenburg
Urkunden der Benediktiner-Abtei zum heiligen Lambert in Altenburg vom Jahre 1144 bis 1522. Hg. v. H. Burger. FRA II/21 (1865). — Xerokopie NÖLA, Filmarchiv Nr 16, kollationiert (Or: StiA Altenburg).

KU Asbach
s. Tr Asbach

KU Attel
HStA München. Klosterurkunden Attel.

KU Au
HStA München. Klosterurkunden Au. (Teildruck in: UB Salzbg 2).

KU Augsbg-SGertrud
Klosterurkunden Augsburg-St. Gertrud Nr 1. Lagerort: Ordinariatsarchiv in Augsburg. (Druck: M Boica 33 a [1841], S. 8 ff.; UB Tir 1 Nr 90; HU Augsb, Vock Nr 13; alle nach späteren Kopien).

KU Augsb-SUlrich
Die Urkunden des Reichsstifts St. Ulrich und Afra in Augsburg 1023—1440. Hg. v. R. Hipper. VeröffSchwäbForschGem, Reihe 2 a: Urkunden und Regesten 4 (1956). (Or: HStA München u. Ordinariatsarchiv Augsburg [=Hipper Nr 6 a u. 7], kollationiert).

KU Baumburg
HStA München. Klosterurkunden Baumburg Nr 1—10. (Teildruck in: M Boica 2 [1848], S. 173—270).

KU Benediktbeuern
HStA München. Klosterurkunden Benediktbeuern.

KU Berchtesgaden
HStA München. Klosterurkunden Berchtesgaden.

KU Biburg
HStA München. Klosterurkunden Biburg Nr 1, 2, 2 a u. KL Biburg Nr 2 ⅓. (Nr 220—233 u. 235).

KU Dießen
s. Tr Dießen

KU Dietramszell
HStA München. Klosterurkunden Dietramszell.

KU Ebersberg
HStA München. Klosterurkunden Ebersberg.

KU Elchingen
HStA München. Klosterurkunden Elchingen.

KU Ensdorf
HStA München. Klosterurkunden Ensdorf.

KU Formbach
HStA München. Klosterurkunden Formbach (heute Vornbach). (Teildruck in: M Boica 4 [1765]; UB OÖ 1 u. 2; UB Salzbg 2).

KU Freising-SAndreas
HStA München. Klosterurkunden Freising-St. Andreas.

KU Füssen-SMang
Die Urkunden des vormaligen Benediktinerklosters St. Mang in Füssen. Hg. v. O. Geiger. In: ArchivalZ, Beih. 3 (1932). (Or: AFürst Wallerstein, kollationiert).

KU Gars
s. Tr Gars

KU Göttweig
Urkunden und Regesten zur Geschichte des Benediktinerstiftes Göttweig. 1. T.: 1058—1400. Hg. v. A. Fuchs. FRA II/51 (1901). Reg. Bd 55 (1902).

KU Habach
HStA München. Klosterurkunden Habach.

KU Heiligenkreuz
Urkunden des Cistercienser-Stiftes Heiligenkreuz im Wiener-Walde. Hg. v. J. N. Weis. FRA II/11 (1856). Reg. Bd 16 (1856). — Xerokopie NÖLA, kollationiert (Or: StiA Heiligenkreuz).

KU Herrenchiemsee
HStA München. Klosterurkunden Herrenchiemsee. (Teildruck in: M Boica 2 [1764], S. 279—371; UB Salzb 2).

KU Indersdorf
Die Urkunden des Klosters Indersdorf. Ges. u. regestiert v. F. H. Graf Hundt. Bd 1. München 1863. (Or: HStA München, Klosterurkunden Indersdorf; KL Indersdorf Nr 2, kollationiert).

KU Innichen
Quellenbestände im StiA Innichen.

KU Kastl
HStA München. Klosterurkunden Kastl.

KU Kempten
HStA München. Klosterurkunden Kempten.

KU Klosterneuburg
Merkwürdigere Schicksale des Stiftes und der Stadt Klosterneuburg. Von M. Fischer. Wien 1815. — Xerokopie NÖLA, kollationiert (Or: StiA Klosterneuburg).

KU Klosterneuburg, Schönsteiner
Ferdinand Schönsteiner, Die kirchlichen Freiheitsbriefe des Stiftes Klosterneuburg. Urkundensammlung mit rechtlichen und geschichtlichen Erläuterungen. Jahrbuch des Stiftes Klosterneuburg, Bd VII. 2. Abteilung. Wien und Leipzig 1916.

KU Mallersdorf
HStA München. Klosterurkunden Mallersdorf.

KU Metten
HStA München. Klosterurkunden Metten Nr 1—16. (Teildruck in: UB Bab 1 Nr 26, 59, 111).

KU Michelfeld
HStA München. Klosterurkunden Michelfeld Nr 1—14. (Druck: Friedrich Looshorn, Die Geschichte des Bistums Bamberg. Bd 2. München 1888; Ussermann EpBamb u. Teildruck in: M Boica 25 [1823], S. 101—576).

KU Moosburg
HStA München. Klosterurkunden Moosburg.

KU Münchsmünster
s. Tr Münchsmünster

KU Neustift-Brixen
Die Urkunden des Augustiner-Chorherrenstiftes Neustift bei Brixen von 1143—1299. Hg. v. G. J. Kugler. FRA II/77 (1965).

KU Neustift-Freising
s. Tr Neustift-Freising

KU Niederalteich
HStA München. Klosterurkunden Niederalteich.

KU Osterhofen
Die Urkunden und das älteste Urbar des Stiftes Osterhofen. Bearb. v. J. Gruber. QE NF 33 (1985).

KU Passau-Niedernburg
HStA München. Klosterurkunden Passau-Niedernburg.

KU Passau-SNikola
HStA München. Klosterurkunden Passau-St. Nikola. (Teildruck in: UB OÖ 2).

KU Polling
HStA München. Klosterurkunden Polling.

KU Prüfening
HStA München. Klosterurkunden Prüfening. (Teildruck in: M Boica 13 [1777], S. 141—296). Datierungen nach Hans Hirsch: Die Urkundenfälschungen des Klosters Prüfening. In: MIÖG 29 (1908), S. 1—63.

KU Prüll
HStA München. Klosterurkunden Prüll. (Teildruck in: M Boica 15 [1787], S. 155—244).

KU Raitenhaslach
Die Urkunden des Klosters Raitenhaslach. Hg. v. E. Krausen. QE NF 17/1 (1959).

KU Ranshofen
HStA München. Klosterurkunden Ranshofen.

KU Regensburg-Alte Kapelle
HStA München. Klosterurkunden Regensburg-Alte Kapelle.

KU Regensburg-Niedermünster
HStA München. Klosterurkunden Regensburg-Niedermünster.

KU Regensburg-Obermünster
HStA München. Klosterurkunden Regensburg-Obermünster (Teildruck in: CD Ratisb).

KU Regensburg-SEmmeram
HStA München. Klosterurkunden Regensburg-St. Emmeram.

KU Rinchnach
HStA München. Klosterurkunden Rinchnach.

KU Rott
HStA München. Klosterurkunden Rott. (Teildruck in: UB Salzb 2; UB Tir 1).

KU Schäftlarn
Die Urkunden und Urbare des Klosters Schäftlarn. Hg. v. A. Weissthanner. QE NF 10/2 (1957).

KU Scheyern
HStA München. Klosterurkunden Scheyern. (Teildruck in: M Boica 10 [1768], S. 437—600).

KU Schliersee
HStA München. Klosterurkunden Schliersee Nr 1.

KU Schotten
Urkunden der Benediktiner-Abtei unserer Lieben Frau zu den Schotten in Wien vom Jahre 1158 bis 1418. Hg. v. E. Hauswirth. FRA II/18 (1859). (Or: StiA Schottenabtei, kollationiert).

KU Seeon
HStA München. Klosterurkunden Seeon.

KU Seitenstetten
Urkundenbuch des Benedictiner-Stiftes Seitenstetten. Hg. v. I. Raab. FRA II/33 (1870). — Xerokopie NÖLA, kollationiert (Or: StiA Seitenstetten).

KU SVeit
Die Urkunden des Klosters St. Veit 1121—1450. Hg. v. H. Hör u. L. Morenz. QE NF 15 (1960).

KU SZeno
HStA München. Klosterurkunden St. Zeno. (Teildruck in: M Boica 3 [1764], S. 527—582; UB Salzbg 2).

KU Steingaden
HStA München. Klosterurkunden Steingaden. (Teildruck in: M Boica 6 [1766], S. 481—632).

KU Tegernsee
HStA München. Klosterurkunden Tegernsee.

KU Waldsassen
HStA München. Klosterurkunden Waldsassen.

KU Weihenstephan
HStA München. Klosterurkunden Weihenstephan.

KU Wessobrunn
HStA München. Klosterurkunden Wessobrunn. (Teildruck in: M Boica 7 [1765], S. 372—420).

KU Wilten
StiA Wilten. Klosterurkunden Wilten.

Lampel: Ladesdorf
Ladendorf oder Losdorf? Mit Erörte-

rungen über ein Urkundenfragment aus dem XII. Jahrhundert von J. Lampel. In: BLNÖ 35 (1901), S. 94—131.

LampHersf, Ann
Lamperti monachi Hersfeldensis opera. Lamperti annales. Hg. v. O. Holder-Egger. In: SS in us. schol. 38 (1894), S. 1—304. Nachdruck 1956. (Auch in: SS 5 [1844], S. 134—263).

Lamprecht: Matrikel
Johann Evangelist Lamprecht, Historisch-topographische Matrikel oder geschichtliches Ortsverzeichniß des Landes ob der Enns. Wien 1863.

Lechner: Pergkirchen
Karl Lechner, Zur Geschichte von Pergkirchen im Machland — Pfarre und Amt des Klosters Melk. In: MOÖLA 8 (1964), S. 173—187. Nach S. 176 Faksimile von Hueber: Melk S. 4f. Nr 5.

LibPont Eichst
Gundechari liber pontificalis Eichstetensis usque ad a. 1072. Hg. v. L. C. Bethmann. In: SS 7 (1846), S. 239—253.

Linck: Ann Zwettl
Bernardus Linck, Annales Austrio-Clara-Vallenses seu fundationis monasterii Clarae-Vallis Austriae, vulgo Zwetl, Ordinis Cisterciensis initium et progressus ... Tomus primus. Wien 1723.

Loserth: NecrolNotizen
Johann Loserth, Kleine Steiermärkische Nekrologien und nekrologische Notizen. In: Beiträge zur Kunde steiermärkischer Geschichtsquellen. 26. Jg., Nr XVI. Graz 1894, S. 20. — Xerokopie kollationiert (Or: UnivBibl Graz, Hs Nr 297).

Marianus Scottus
Mariani Scotti chronicon. Hg. v. G. Waitz. In: SS 5 (1844), S. 481—562.

Marianus Scottus Add
Ad Mariani Scotti chronicon addidamentum. Hg. v. G. Waitz. In: SS 13 (1881), S. 72—79.

M Bamb
Monumenta Bambergensia (=Bibliotheka rerum Germanicarum Bd 5). Hg. v. Ph. Jaffé. Berlin 1869.

M Boica
Monumenta Boica. Hg. v. der Academia Scientiarum Electoralis. Bd 1ff. München 1763ff.; Nova Collectio Bd 28—46 (1829—1905); NF Bd 47ff. München 1902ff.

M Car 1
Monumenta historica ducatus Carinthiae. Bd 1: Die Gurker Geschichtsquellen 846—1235. Hg. v. A. v. Jaksch. Klagenfurt 1896. Nachdruck 1978.

M Car 2
Monumenta historica ducatus Carinthiae. Bd 2: Die Gurker Geschichtsquellen 1233—1269. Hg. v. A. v. Jaksch. Klagenfurt 1898. Nachdruck 1978.

M Car 3
Monumenta historica ducatus Carinthiae. Bd 3: Die Kärntner Geschichtsquellen 811—1202. Hg. v. A. v. Jaksch. Klagenfurt 1904. Nachdruck 1978.

M Car 4/1
Monumenta historica ducatus Carinthiae. Bd 4, T. 1: Die Kärntner Geschichtsquellen 1202—1263. Hg. v. A. v. Jaksch. Klagenfurt 1906. Nachdruck 1978.

M Car 4/2
Monumenta historica ducatus Carinthiae. Bd 4, T. 2: Die Kärntner Geschichtsquellen 1263—1269 u. Register. Hg. v. A. v. Jaksch. Klagenfurt 1906. Nachdruck 1978.

M Car Erg
Monumenta historica ducatus Carinthiae. 1. Ergänzungsheft zu Bd 1—4: 811—1269. Hg. v. A. v. Jaksch. Klagenfurt 1915. Nachdruck 1978.

M Erphesf
Monumenta Erphesfurtensia saec. XII, XIII, XIV. Hg. v. O. Holder-Egger. In: SS in us. schol. 42 (1899). (Teildruck auch in: SS 6 [1844], S. 536—541).

MGH
Monumenta Germaniae Historica

Antiquitates:
Poetae latini medii aevi. Hg. v. E. Dümmler u. a. Bd 1—4 (1881ff.) Nachdruck 1978.

Diplomata Karolinorum. Die Urkunden der Karolinger:
1. Bd: Die Urkunden Pippins, Karlmanns und Karls des Großen. Hg. v. E. Mühlbacher unter Mitwirkung v. A. Dopsch, J. Lechner u. M. Tangl. Hannover 1906. Nachdruck 1979.

Diplomata regum Germaniae ex stirpe Karolinorum. Die Urkunden der deutschen Karolinger:
1. Bd: Die Urkunden Ludwigs des Deutschen, Karlmanns und Ludwigs des Jüngeren. Hg. v. P. Kehr. Berlin 1934. Nachdruck 1980.
2. Bd: Die Urkunden Karls III. Hg. v. P. Kehr. Berlin 1937. Nachdruck 1984.
3. Bd: Die Urkunden Arnolfs. Hg. v. P. Kehr. Berlin 1940.
4. Bd: Die Urkunden Zwentibolds und Ludwigs des Kindes. Hg. v. Th. Schieffer. Berlin 1960. Nachdruck 1982.

Diplomata regum et imperatorum Germaniae. Die Urkunden der deutschen Könige und Kaiser:
1. Bd: Die Urkunden Konrads I., Heinrichs I. und Ottos I. Hg. v. Th. Sickel. Hannover 1879—1884. Nachdruck 1980.
2. Bd: 1. T.: Die Urkunden Ottos II; 2. Bd, 2. T.: Die Urkunden Ottos III. Hg. v. Th. Sickel. Hannover 1888. 1893. Nachdruck 1980.
3. Bd: Die Urkunden Heinrichs II. und Arduins. Hg. v. H. Bresslau u. a. Hannover 1900—1903. Nachdruck 1980.
4. Bd: Die Urkunden Konrads II. Mit Nachträgen zu den Urkunden Heinrichs II. Hg. v. H. Bresslau unter Mitwirkung v. H. Wibel u. A. Hesse. Hannover u. Leipzig 1909. Nachdruck 1980.
5. Bd: Die Urkunden Heinrichs III. Hg. v. H. Bresslau u. P. Kehr. Berlin 1926—1931. Nachdruck 1980.
6. Bd: Die Urkunden Heinrichs IV.; 1. T.: Die Urkunden Heinrichs IV. 1056—1076. Hg. v. D. v. Gladiss. Hannover 1941. Nachdruck 1978; 2. T.: Die Urkunden Heinrichs IV. 1077—1106. Hg. v. D. v. Gladiss. Hannover 1952. Verbesserter Nachdruck Hannover 1959/1978; 3. T.: Einleitung, Nachträge, Verzeichnisse. Hg. v. A. Gawlik. Hannover 1978.
8. Bd: Die Urkunden Lothars III. und der Kaiserin Richenza. Hg. v. E. v. Ottenthal u. H. Hirsch. Berlin 1927. Nachdruck 1980.
9. Bd: Die Urkunden Konrads III. und seines Sohnes Heinrich. Hg. v. F. Hausmann. Wien—Köln—Graz 1969.
10. Bd: Die Urkunden Friedrichs I.; 1. T.: Die Urkunden Friedrichs I. 1152— 1158. Hg. v. H. Appelt u. a. Hannover 1975; 2. T.: Die Urkunden Friedrichs I. 1158—1167. Hg. v. H. Appelt u. a. Hannover 1979; 3. T.: Die Urkunden Friedrichs I. 1168—1180. Hg. v. H. Appelt u. a. Hannover 1985; 4. T.: Die Urkunden Friedrichs I. 1181—1190. Hg. v. H. Appelt u. a. (im Druck).

Epistolae selectae:
3. Bd: Die Tegernseer Briefsammlung Hg. v. K. Strecker. Nachdruck 1925.

Laienfürsten- und Dynastenurkunden der Kaiserzeit:
1. Bd: Die Urkunden Heinrichs des Löwen, Herzogs von Sachsen und Bayern. Hg. v. K. Jordan. 2 Tle. Leipzig 1941. Weimar 1949. Nachdruck 1957—1960.

Necrologia Germaniae:
2. Bd: Diocesis Salisburgensis. Hg. v. S. Herzberg-Fränkel. Berlin 1890—1904. Nachdruck 1983.
4. Bd: Diocesis Pataviensis, 1. T.: Diocesis Pataviensis regio Bavarica. Diocesis Pataviensis regio Austriaca nunc Lentiensis. Hg. v. M. Fastlinger u. J. Sturm. Berlin 1920. Nachdruck 1983.
5. Bd.: Diocesis Pataviensis, 2. T.: Austria inferior. Hg. v. A. Fuchs. Berlin 1913. Nachdruck 1983.

Scriptores (in Folio). 30 Bde, 1826ff.

Scriptorum rerum Germanicarum in usum scholarum separatim editi. 62 Bde., 1841ff.

Scriptores rerum Germanicarum. Nova Series. 14 Bde, 1912ff.

MIÖG 20
Eine unbekannte Urkunde für das Kloster Waldhausen. Von B. Hammerl. In: MIÖG 20 (1899), S. 631—635. (Or: OÖLA, kollationiert).

MIÖG 31
Eine Urkunde des Grafen Konrad von Raabs aus dem Jahre 1175. Von O. Freiherr v. Mitis. In: MIÖG 31 (1910), S. 112—114. — NÖLA Filmarchiv, kollationiert (Or: Staatsarchiv Třeboň /ČSSR).

Mitis: Studien
Oskar Freiherr v. Mitis, Studien zum älteren österreichischen Urkundenwesen. Wien 1912. — S. 220 (Pfarre Meisling), S. 300 (Kloster Baumgartenberg, Or: OÖLA, kollationiert).

Necr
s. MGH. Necrologia Germaniae.

NÖLA
Niederösterreichisches Landesarchiv, Herrengasse 11, 1014 Wien.

NÖLA, RegA
Niederösterreichisches Landesarchiv, ehemals ‘Archiv für Niederösterreich’, jetzt ‘Regierungsarchiv’, Herrengasse 11, 1014 Wien.

NÖLA, SAndrä
Quellenbestände des aufgehobenen Stiftes St. Andrä. NÖLA, Filmarchiv Nr 51. (Or: StiA Herzogenburg).

NÖLA, StiA Herzogenburg
Quellenbestände des Stiftes Herzogenburg. NÖLA, Filmarchiv Nr 49 (Or: StiA Herzogenburg).

NÖLA, StiA Zwettl
Quellenbestände des Stiftes Zwettl. NÖLA, Filmarchiv Nr 42 (Or: StiA Zwettl).

Notae Diessenses
Notae Diessenses. Hg. v. Ph. Jaffé. In: SS 17 (1861), S.323—331.

Notae SZenonis
Franz Martin Mayer, Die östlichen Alpenländer im Investiturstreite. Innsbruck 1883 (S. 241—246 Druck der Notae).

Oefele: G Andechs
Edmund Freiherr v. Oefele, Geschichte der Grafen von Andechs. Innsbruck 1877.

OÖLA
Oberösterreichisches Landesarchiv. Anzengruberstraße 19, 4020 Linz.

OÖLA, Herrschaft Traunkirchen
Quellenbestände der Herrschaft Traunkirchen. OÖLA.

OÖLA, StiA Baumgartenberg
Quellenbestände des aufgehobenen Stiftes Baumgartenberg. OÖLA.

OÖLA, StiA Garsten
Quellenbestände des aufgehobenen Stiftes Garsten. OÖLA.

OÖLA, StiA Gleink
Quellenbestände des aufgehobenen Stiftes Gleink. OÖLA.

OÖLA, StiA Suben
Quellenbestände des aufgehobenen Stiftes Suben. OÖLA.

OÖLA, StiA Waldhausen
Quellenbestände des aufgehobenen Stiftes Waldhausen. OÖLA.

Papst U
Harald Zimmermann, Papsturkunden 896—1046. 1. Bd: 896—996, 2. Bd: 996—1046. Veröffentlichungen der Historischen Kommission Bd. III (1984), Bd. IV (1895), Österreichische Akademie der Wissenschaften, phil.-hist. Klasse, Denkschriften 174. u. 177. Bd.

Passio Cholom
Passio S. Cholomanni auct. monacho Mellicensi. Hg. v. G. Waitz. In: SS 4 (1841), S. 674—678. Nachdruck 1982.

Passio Thiemonis
Passio Thiemonis archiepiscopi auct. Heinrico abbate Breitenowensi. Hg. v. W. Wattenbach. In: SS 11 (1854), S. 51—62 u. SS 15/2 (1888), S. 1236—1238. Nachdruck 1963.

Poetae
s. MGH. Antiquitates.

Q GKreuzzug FI
Quellen zur Geschichte des Kreuzzuges Kaiser Friedrichs I. Hg. v. A. Chroust. SS NS 5 (1928). Nachdruck 1964.

RebTrev
De rebus Treverensibus saec. VIII—X. Libellus. Hg. v. G. Waitz. In: SS 14 (1883), S. 98—106. Nachdruck 1963.

Reg Bamberg-B
Die Regesten der Bischöfe und des Domkapitels von Bamberg. Hg. v. E. Freiherr v. Guttenberg. Veröffentlichungen der Gesellschaft für fränkische Geschichte, Reihe 6. Würzburg 1932.

Reg Eichstätt-B
Die Regesten der Bischöfe von Eichstätt (741—1324). Hg. v. Franz Heidingsfelder. Veröffentlichungen der Gesellschaft für fränkische Geschichte, Reihe 6/1. Erlangen 1938. — Or kollationiert.

Reg Görz-Grf
Die Regesten der Grafen von Görz und Tirol, Pfalzgrafen von Kärnten. Hg. v. H. Wiesflecker. 1. Bd: 957—1271. Publikationen des Instituts für Österreichische Geschichtsforschung, 4. Reihe, 1. Abt. Innsbruck 1949.

Reg Imp
Regesta Imperii. Hg. v. J. F. Böhmer. Innsbruck—Köln—Wien—Graz 1881 ff.

Restaur SPetriSalisb
Restauratio monasterii S. Petri Salisburgensis. Hg. v. O. Holder-Egger. In: SS 15/2 (1888), S. 1055—1057. Nachdruck 1963.

Roth: Beiträge
Karl Roth, Kleine Beiträge zur deutschen Sprach-, Geschichts- und Ortsforschung. 4 Bde. München 1850/52—1865/70.

Rot SEmmeram
Der St. Emmeramer Rotulus des Güterverzeichnisses von 1031. Hg. v. P. Mai. In: VerhhHistVObPfalz 106 (1966), S. 87—101.

RU Regensburg
HStA München. Reichsstadturkunden Regensburg. (Druck: M Boica 53 [1912] u. 54 [1956]).

Sammlung Hausmann
Xerokopiensammlung von Urkunden, angelegt von Univ.-Prof. Dr. Friedrich Hausmann am Institut für Historische Hilfswissenschaften der Universität Graz.

SbbAkadWien 2/1
Sitzungsberichte der kaiserlichen Akademie der Wissenschaften, phil.-hist. Klasse, 2. Bd, 1. H. Wien 1849, S. 23 (Or: NÖLA, kollationiert).

Schlern-Schriften 30 (1935)
Heinrich Schuler, Alte Eigenhöfe des Prämonstratenser-Chorherrenstiftes Wilten im Bezirke Sterzing. In: Schlern-Schriften 30 (1935), S. 152—160.

Schwind/Dopsch: AusgewU
Ausgewählte Urkunden zur Verfassungs-Geschichte der Deutsch-Österreichischen Erblande im Mittelalter. Hg. v. E. Freiherr v. Schwind u. A. Dopsch. Innsbruck 1895.

Seemüller: Füssener Sprachprobe
Josef Seemüller, Füssener Sprachprobe vom Jahr 1200. In: ZFerdinandeum 3, 24. H. (1900), S. 177—185.

Series DucBav
Series ducum Bavariae. Notae genealogicae Bavaricae. Genealogia comitum et marchionum saec. XII. et XIII. Hg. v. G. Waitz. In: SS 24 (1879), S. 73—78. Nachdruck 1975.

Sinnacher: Säben
Beyträge zur Geschichte der bischöflichen Kirche Säben und Brixen in Tyrol. Ges. v. F. A. Sinnacher. 3. Bd Brixen 1823.

SS
s. MGH. Scriptores (in Folio).

SS in us. schol.
s. MGH. Scriptores rerum Germanicarum in usum scholarum separatim editi.

SS NS
s. MGH. Scriptorum rerum Germanicarum, Nova Series.

StadtA Augsbg
Stadtarchiv Augsburg. Fuggerstraße 12, D-8900 Augsburg.

StadtA Bamberg
Stadtarchiv Bamberg. Neue Residenz, Domplatz 2, D-8600 Bamberg.

StadtA Wels
Stadtarchiv Wels. Stadtplatz 55, 4600 Wels.

StBibl Bay
Bayerische Staatsbibliothek. Ludwigstraße 16, D-8000 München 34.

StiA Altenburg
Stiftsarchiv Altenburg. 3591 Altenburg.

StiA SAndrä
s. NÖLA, StiA SAndrä.

StiA Heiligenkreuz.
Stiftsarchiv Heiligenkreuz. 2532 Heiligenkreuz.

StiA Herzogenburg
Stiftsarchiv Herzogenburg. 3130 Herzogenburg, s. NÖLA, StiA Herzogenburg.

StiA Klosterneuburg
Stiftsarchiv Klosterneuburg. 3400 Klosterneuburg.

StiA Kremsmünster
Stiftsarchiv Kremsmünster. 4550 Kremsmünster.

StiA Lambach
Stiftsarchiv Lambach. 4650 Lambach.

StiA Melk
Stiftsarchiv Melk. 3390 Melk.

StiA Reichersberg
Stiftsarchiv Reichersberg. 4981 Reichersberg.

StiA Rein
Stiftsarchiv Rein. 8103 Rein.

StiA Schottenabtei
Stiftsarchiv Schottenabtei. Freyung 6, 1010 Wien.

StiA Seitenstetten
Stiftsarchiv Seitenstetten. 3353 Seitenstetten.

StiA SFlorian
Stiftsarchiv St. Florian. 4490 St. Florian.

StiA Wilhering
Stiftsarchiv Wilhering. 4073 Wilhering.

StiA Wilten
Stiftsarchiv Wilten. Klostergasse 7, 6020 Innsbruck.

StiA Zwettl
s. NÖLA, StiA Zwettl.

StiBibl Kremsmünster
Stiftsbibliothek Kremsmünster. 4500 Kremsmünster.

StiBibl Lambach
Stiftsbibliothek Lambach. 4650 Lambach.

StiftungsB Zwettl
Das 'Stiftungenbuch' des Cistercienser-Klosters Zwetl. Hg. v. J. v. Frast. FRA II/3 (1851). (Or: NÖLA Filmarchiv Nr 42, kollationiert, Datierungen nach Joachim Rössl, Liber fundatorum Zwetlensis monasterii „Bärenhaut". Vollständige Faksimile-Ausgabe im Originalformat der Handschrift 2/1 des Stiftsarchivs Zwettl. Kommentar. Graz 1981).

StiUrb OÖ 1
Österreichische Urbare, III. Abt.: Urbare geistlicher Grundherrschaften. 2. Bd: Die Mittelalterlichen Stiftsurbare des Erzherzogtums Österreich ob der Enns, 1. T.: Lambach, Mondsee, Ranshofen und Traunkirchen. Hg. v. K. Schiffmann. Wien—Leipzig 1912.

StiUrb OÖ 2
Österreichische Urbare, III. Abt.: Urbare geistlicher Grundherrschaften. 3. Bd: Die Mittelalterlichen Stiftsurbare des Erzherzogtums Österreich ob der Enns, 2. T.: Garsten, Gleink, Kremsmünster, Schlierbach, Spital a. P. Hg. v. K. Schiffmann. Wien—Leipzig 1913.

StiUrb OÖ 4
Österreichische Urbare, III. Abt.: Urbare geistlicher Grundherrschaften. 2. Bd: Die Mittelalterlichen Stiftsurbare des Landes ob der Enns, 4. T.: Nachträge (Ranshofen und Traunkirchen) — Personen- und Ortsnamenregister — Glossar und Sachregister. Wien—Leipzig 1925.

Stmk LA
Steiermärkisches Landesarchiv. Bürgergasse 2a, Hamerlinggasse 3, 8010 Graz.

Sum Heinrici
Summarium Heinrici. Bd 1 (Textkritische Ausgabe der ersten Fassung, Buch I—X). Hg. v. R. Hildebrandt. Quellen und Forschungen zur Sprach- und Kulturgeschichte der germanischen Völker 185, NF 61. Berlin 1974.

Tegernsee, Briefslg
s. MGH. Epistolae selectae.

Tegernsee, Entfremdungslisten
Tegernseeische Güter aus dem 10. Jahrhundert. Hg. v. W. Beck. In: ArchivalZ NF 20 (1914), S. 83—105. (Or: HStA München Clm 18 059 [=A[1]], Clm 19 107 [=A[2]] u.

KL Tegernsee Nr 4 fol. 29b [=B], kollationiert).

Thietmar v. Mers
Die Chronik des Bischofs Thietmar von Merseburg und ihre Korveier Überarbeitung. Hg. v. R. Holtzmann. In: SS NS 9 (1935). Nachdruck 1980. (Auch in: SS 3 [1839], S. 723—871; SS in us. schol. 54 [1889]; W. Trillmich in: Freiherr vom Stein-Gedächtnisausgabe 9 [1974[5]]).

Tinkhauser/Rapp: Brixen
G. Tinkhauser, L. Rapp, Topographisch-historisch-statistische Beschreibung der Diözese Brixen. 5 Bde. Brixen 1855—1891.

Tir LA
Tiroler Landesarchiv. Herrengasse 1, 6010 Innsbruck.

Tr Aldersbach
HStA München. Traditionen des Klosters Aldersbach. KL Aldersbach Nr 1.

Tr Asbach
Die Traditionen, Urkunden und Urbare des Klosters Asbach . Hg. v. J. Geier. QE NF 23 (1969).

Tr Au
Codex traditionum Augiensium. Hg. v. Johann Mayerhofer. In: Drei bayerische Traditionsbücher aus dem 12. Jahrhundert. München 1880, S. 87—152. (Teildruck in: UB Salzbg 2). (Or: HStA München. KL Au Nr 1, kollationiert).

Tr Augsburg-SUlrich
HStA München. KL Augsburg — St. Ulrich Nr 5, S. 1—48. (Numerierung nach M Boica 22 (1814), S.1—130).

Tr Baumburg
HStA München. KL Baumburg Nr 1. (Druck: M Boica 3 [1764], S. 3—90).

Tr Benediktbeuern
Das Benediktbeurer Traditionsbuch. Hg. v. F. L. Baumann. In: ArchivalZ NF 20 (1914), S. 1—82. (Or: HStA München. KL Benediktbeuern Nr 9 fol. 14'—34', kollationiert).

Tr Berchtesgaden
Schenkungsbuch der ehemaligen gefürsteten Propstei Berchtesgaden. Hg. v. K. Muffat. In. QE AF 1 (1856), S. 225—364. (Or: HStA München. KL Berchtesgaden Nr 1 [für Nr 1—205] u. Nr 2 fol. 23, 25, 25', 26 [für Nr 213—216], kollationiert, Datierungen nach Stefanie Uhler, Die Traditionen des Stiftes Berchtesgaden. Phil. Diss. München 1983).

Tr Beyharting
HStA München KL Beyharting Nr 1. (Druck: Th. Wiedemann in: Beyträge zur Geschichte, Topographie und Statistik des Erzbistums München und Freysing. Bd 4 [1852], S. 1—314).

Tr Biburg
HStA München. KL Biburg Nr 2 ⅓ =Traditionskodex 12. Jh. (Teildruck in: E. Freiherr v. Oefele, Traditionsnotizen des Klosters Biburg. In: SbbAkadMünchen [1896], S. 398—447).

Tr Brixen
Die Traditionsbücher des Hochstifts Brixen vom 10. bis in das 14. Jahrhundert. Hg. v. O. Redlich. Acta Tirolensia, Bd 1. Innsbruck 1886.

Tr Dießen
Die Traditionen und Urkunden des Klosters Dießen. Hg. v. W. Schlögl. QE NF 22/1 (1967).

Tr Ebersberg
Das Cartular des Klosters Ebersberg. Hg. v. H. Graf Hundt. In: AbhhAkadMünchen 14 (1879), S. 117—196 (Abt. I, II, III). (Or: HStA München. KL Ebersberg Nr 2, kollationiert).

Tr Ensdorf
Codex traditionum monasterii Ensdorf. Hg. v. M. Freiherr v. Freyberg. Sammlungen historischer Schriften und Urkunden. Bd 2., S. 169—252. Stuttgart—Tübingen 1829. (Or: HStA München. KL Ensdorf Nr 10, kollationiert).

Tr Formbach
Codex traditionum monasterii Formbacensis. In: UB OÖ 1, S. 625—782. (Or: HStA München. KL Formbach [heute Vornbach] Nr 1 [=UB OÖ 1, S. 625—710, Nr 1—267] u. Nr 2 [=UB OÖ 1, S. 711ff. Nr 268ff.], kollationiert. Datierungen nach E. Chrambach, Tr Formbach).

Tr Freising
Die Traditionen des Hochstifts Freising. Hg. v. Th. Bitterauf. QE NF 4 u. 5

(1905—1909). Dazu Berichtigungen v. Eduard Wallner, Beiträge zum Namenregister der Traditionen des Hochstifts Freising. OA 76 u. 77 (1950 u. 1952).

Tr Fuld
Traditiones et antiquitates Fuldenses. Hg. v. E. F. J. Dronke. Fulda 1844. Neudruck Osnabrück 1966.

Tr Gars
Die Traditionen, Urkunden und Urbare des Stiftes Gars. Bearb. v. H. Hofmann. QE NF 31 (1983).

Tr Garsten
Codex traditionum monasterii Garstensis. In: UB OÖ 1, S. 115—202. (Or: OÖLA, kollationiert).

Tr Garsten Kurz 2
Sammlung der vorzüglicheren Urkunden des Klosters Garsten. In: Beyträge zur Geschichte des Landes Oesterreich ob der Enns. Hg. v. F. Kurz. 2. T. Linz 1808, S. 469—564.

Tr Geisenfeld
HStA München. KL Geisenfeld Nr 1. (Druck: Harald Jaeger, Die Traditionsnotizen des Benediktinerinnenklosters Geisenfeld. Phil. Diss. München 1948).

Tr Göttweig
Die Traditionsbücher des Benediktinerstiftes Göttweig. Hg. v. A. Fuchs. FRA II/69 (1931).

Tr Heiligenkreuz
P. Hermann Watzl, Aus zwei verschollenen Privilegienbüchern der Cisterce Heiligenkreuz von 1246 und 1251. In: Festschrift zum 800 Jahrgedächtnis des Todes Bernhards von Clairvaux. Hg. v. der Österreichischen Cistercienser-Kongregation vom Heiligsten Herzen Jesu. Wien 1953, S. 370—492.

Tr Herrenchiemsee
Die Traditionen des Klosters Herrenchiemsee. HStA München. KL Herrenchiemsee Nr 13. (Teildruck in: M Boica 2 [1764], S. 279 ff.; UB Salzbg 2).

Tr Klosterneuburg
Codex traditionum ecclesiae collegiatae Claustroneoburgensis. Hg. v. M. Fischer. FRA II/4 (1851). — Xerokopie NÖLA, kollationiert. (Or: StiA Klosterneuburg. Datierungen teilweise nach ONB NÖ; Neubearbeitung von H. Dienst in Vorbereitung).

Tr Kühbach
Traditionsnotizen des Klosters Kühbach. Hg. v. E. Freiherr v. Oefele. In: SbbAkad-München 1894, S. 269—284 (Nr 1—12). Abschrift des 16. Jh. v. Peutinger in der Landesbibliothek Stuttgart.

Tr Mondsee
Codex traditionum Lunaelacensis. In: UB OÖ 1, S. 1—108, Teildruck: UB Salzbg 1. (Or: HHStA Wien, kollationiert. Datierungen nach G. Rath, Ms u. nach Erich Reiter, Studien zum ältesten Mondseer Traditionsbuch. Staatsprüfungsarbeit am Institut für Österreichische Geschichtsforschung. Wien 1986. [Phil. Diss. in Vorbereitung]).

Tr Moosburg
Traditions-Codex des Collegiatsstiftes St. Castulus in Moosburg. Mitgetheilt v. M. Freiherr v. Freyberg. In: OA 2 (1840). (Or: HStA München. KL Landshut-St. Martin Nr 1, kollationiert).

Tr Münchsmünster
Die Traditionen, Urkunden und Urbare des Klosters Münchsmünster. Hg. v. M. Thiel u. O. Engels. QE NF 20 (1961).

Tr Neustift-Brixen
Das Traditionsbuch des Augustiner-Chorherrenstiftes Neustift bei Brixen. Bearb. v. H. Wagner. FRA II/76 (1954).

Tr Neustift-Freising
Die Traditionen, Urkunden und Urbare des Klosters Neustift bei Freising. Bearb. v. H. J. Busley. QE NF 19 (1961).

Tr Niederalteich
Monumenta Nideraltacensia. Codex traditionum. Excerpta e Codice Traditionum Hermanni Abbatis. In: M Boica 11 (1771), S. 13—99.

Tr Oberalteich
Die Traditionen des Klosters Oberalteich. Hg. v. C. Mohr. QE NF 30/1 (1979).

Tr Passau
Die Traditionen des Hochstifts Passau. Hg. v. M. Heuwieser. QE NF 6 (1930).

Tr Passau-SNikola
Codex traditionum monasterii S. Nicolai prope Pataviam ordinis canon. regul. S. Augustini. In: UB OÖ 1, S. 527—618. (Or: HStA München. KL Passau—St. Nikola Nr 1, kollationiert).

Tr Polling
HStA München. KL Polling Nr 1 (=Rotulus), Fotoband Nr 32. Druck: M Boica 10 (1768), S. 9ff.

Tr Prüfening
Monumenta Priflingensia. Codex traditionum. In: M Boica 13 (1777), S. 1—140. (Or: HStA München. KL Prüfening Nr 2, kollationiert).

Tr Raitenhaslach
Die Traditionsnotizen des Klosters Raitenhaslach. Hg. v. K. Dumrath. QE NF 7 (1938). (Or: HStA München. KL Raitenhaslach Nr 6 u. Nr 3, kollationiert).

Tr Ranshofen
Der Traditionskodex des Augustiner-Chorherrenstiftes Ranshofen am Inn. Hg. v. K. Schiffmann. Archiv für die Geschichte der Diözese Linz. Beilage zum Linzer Diözesanblatt. 5. Jg. 1. H. Linz 1908.

Tr Regensburg
Die Traditionen des Hochstiftes Regensburg und des Klosters St. Emmeram. Hg. v. J. Widemann. QE NF 8 (1943).

Tr Regensburg-SPaul
Die Traditionen, Urkunden und Urbare des Klosters St. Paul in Regensburg. Hg. v. J. Geier. QE NF 34 (1986).

Tr Reichenbach
Traditionsbuch des Klosters Reichenbach. HStA München. KL Reichenbach Nr 1 = Fotoband Nr 40. (Teildruck in: M Boica 14 [1784], S. 406—428 und 27 [1829], S. 3—44). Datierungen nach Cornelia Baumann, Die Traditionen des Klosters Reichenbach am Regen. QE NF 38 (in Vorbereitung).

Tr Reichersberg
Codex traditionum monasterii Reichersbergensis. In: UB OÖ 1, S. 275—420. — HStA München. Fotoband 373, kollationiert. (Or: StiA Reichersberg).

Tr Rohr
Die Traditionen, die Urkunden und das älteste Urbarfragment des Stiftes Rohr 1135—1332. Hg. v. H.-P. Mai. QE NF 21 (1966).

Tr Rottenbuch
HStA München. KL Rottenbuch Nr 1.

Tr Schäftlarn
Die Traditionen des Klosters Schäftlarn. Hg. v. A. Weissthanner. QE NF 10/1 (1953).

Tr Scheyern
StBibl Bay, Clm Nr 1052 fol. 39'—58. (Teildruck in: M Boica 10 [1768], S. 381—436).

Tr SFlorian
Zwei Blätter eines verloren gegangenen Codex traditionum aus dem Anfang des 12. Jahrhunderts. In: Jodok Stülz, Geschichte des regulierten Chorherrn-Stiftes St. Florian. Linz 1835, S. 200—203. (Or: StiA St. Florian, kollationiert).

Tr Suben
Codex traditionum monasterii Subensis. In: UB OÖ 1, S. 421—526, nach einem Druck von 1620 der M Boica 4 (1765).

Tr SZeno
Fritz Eheim, Wohlfahrtsbrunn, unbekannter Besitz von Sankt Zeno in Niederösterreich. In: JLNÖ 36 (1964), S. 236—243.

Tr Tegernsee
Die Traditionen des Klosters Tegernsee. Hg. v. P. Acht. QE NF 9/1 (1952).

Tr Weihenstephan
Die Traditionen des Klosters Weihenstephan. Hg. v. B. Uhl. QE NF 27/1 (1972).

Tr Wessobrunn
Die Traditionen des Klosters Wessobrunn. Bearb. v. R. Höppl. QE NF 32/1 (1984).

Tr Windberg
Monumenta Windbergensia. I. T.: Traditiones. Mitgetheilt v. B. Braunmüller. VerhhHistVNdBay 23 (1884) H. 1 u. 2. (Or: HStA München. Clm 22211, 22204, 22220, kollationiert. Erg. durch Clm 22201 fol. 2 u. 271).

Transl Modoaldi
Tranlatio S. Modoaldi. Hg. v. Ph. Jaffé. In: SS 12 (1856), S. 284—310.

U Brandenburg-Ansbach
HStA München. Urkunden Brandenburg-Ansbach (Nr 1—30 = Prov. Heilsbronn).

U Brandenburg-Bayreuth
HStA München. Urkunden Brandenburg-Bayreuth Nr 2 u. 4.

U Kirchstetten
Ernst Klebel, Niederösterreich und der Stammbaum der Grafen von Görz und Schwarzenburg. In: UH 23 (1952), S. 111—123.

U Michelstetten
Oskar Freiherr von Mitis, Unbekannte Urkunden des 12. Jahrhunderts über die niederösterreichische Pfarre Michelstetten. In: MIÖG 29 (1908), S. 323—325. — NÖLA Filmarchiv, kollationiert. (Or: Staatsarchiv Třeboň/ČSSR).

U Ortenburg
Friedrich Hausmann, Archiv der Grafen zu Ortenburg. Urkunden der Familie und Grafschaft Ortenburg (in Tambach und München), Bd 1: 1142—1400. Bayerische Archivinventare, hg. v. der Generaldirektion der staatlichen Archive Bayerns 42. Neustadt a. d. Aisch 1984.

UB Bab 1
Urkundenbuch zur Geschichte der Babenberger in Österreich. Bd 1: Die Siegelurkunden der Babenberger bis 1215. Bearb. v. H. Fichtenau u. E. Zöllner. Publikationen des Instituts für Österreichische Geschichtsforschung. 3. Reihe. Wien 1950.

UB Bab 2
Urkundenbuch zur Geschichte der Babenberger in Östereich. Bd 2: Die Siegelurkunden der Babenberger und ihrer Nachkommen von 1216 bis 1279. Bearb. v. H. Fichtenau u. E. Zöllner. Publikationen des Instituts für Österreichische Geschichtsforschung. 3. Reihe. Wien 1955.

UB Bab 4/1
Urkundenbuch zur Geschichte der Babenberger in Österreich. Bd 4, 1. Halbbd: Ergänzende Quellen 976—1194. Bearb. v. H. Fichtenau u. E. Zöllner unter Mitwirkung von H. Dienst. Publikationen des Instituts für Österreichische Geschichtsforschung. 3. Reihe. Wien 1968.

UB Burgld
Urkundenbuch des Burgenlandes und der angrenzenden Gebiete der Komitate Wieselburg. Ödenburg und Eisenburg. Unter Benützung der Vorarbeiten v. W. Goldinger, E. Zöllner u. R. Neck bearb. v. H. Wagner. Publikationen des Instituts für Österreichische Geschichtsforschung. 7. Reihe. Graz—Köln 1955.

UB Fulda
Urkundenbuch des Klosters Fulda. Bd 1. Bearb. v. E. Stengel. Veröffentlichungen der Historischen Kommission Hessen und Waldeck X. I, Bd 1: Die Zeit der Äbte Sturmi und Bangulf. Marburg 1913/58.

UB Krain
Urkunden- und Regestenbuch des Herzogtums Krain. Hg. v. F. Schumi. Bd 1: 770—1200. Laibach 1882/83.

UB Kremsmünster
Urkundenbuch für die Geschichte des Benediktiner-Stiftes Kremsmünster, seiner Pfarreien und Besitzungen von 777 bis 1400. Hg. v. Th. Hagn. Wien 1852. (Or: StiA Kremsmünster, kollationiert).

UB Magdeb-Erzst
Urkundenbuch des Erzstifts Magdeburg. Hg. v. F. Israel u. W. Möllenberg. T. 1. Magdeburg 1937. (= GQProvSachs NR 18).

UB Mainz
Mainzer Urkundenbuch. Bd 1: Die Urkunden bis zum Tode Erzbischofs Adalberts I (1137). Hg. v. M. Stimmig (= Arbeiten der Historischen Kommission für den Volksstaat Hessen). Darmstadt 1932. Nachdruck 1972. Bd 2: Die Urkunden seit dem Tode Erzbischof Adalberts I (1137) bis zum Tode Erzbischof Konrads (1200), bearb. v. P. Acht. 1. T.: 1137—1175, 2. T.: 1175—1200. (= Arbeiten der Hessischen Historischen Kommission Darmstadt). Darmstadt 1968 und 1971.

UB Mittelrh
Urkundenbuch zur Geschichte der jetzt die Preussischen Regierungsbezirke Coblenz und Trier bildenden mittelrheinischen Territorien. Bearb. v. H. Beyer, L. Eltester u. A. Goerz. Bd 1: Von den ältesten Zeiten

bis zum Jahre 1169. Koblenz 1860, Bd 2: Vom Jahre 1169 bis 1212. Koblenz 1865. Neudruck Aalen 1974.

UB Naumburg-H
Urkundenbuch des Hochstifts Naumburg. Bearb. v. Felix Rosenfeld. T. 1: 967—1207. (=GQProvSachs NR 1). Magdeburg 1925.

UB OÖ
Urkundenbuch des Landes ob der Enns. Hg. v. Verwaltungs-Ausschuß des Museums Francisco-Carolinum zu Linz. Bd 1 ff. Wien 1852 ff. (Or in folgenden Archiven kollationiert: HStA München, HHStA Wien, NÖLA, OÖLA, StadtA Wels; StiA: Kremsmünster, Lambach, Reichersberg, St. Florian, Wilhering).

UB Salzbg 1—3
Salzburger Urkundenbuch. Bd 1: Traditionscodices. Hg. v. W. Hauthaler. Bd 2 u. 3: Urkunden von 790 — 1246. Hg. v. W. Hauthaler u. F. Martin. (Datierungen der Breves Notitae nach H. Wolfram, Mitteleuropa, S. 88). Salzburg 1910—1918.

UB SGall
Urkundenbuch der Abtei Sanct Gallen. Hg. v. Hermann Wartmann. Bd 1—4. Zürich—St. Gallen 1863—1913. — Berichtigungen zu Bd 1 u. 2 nach M. Borgolte, Chronologische Studien an den alemannischen Urkunden des Stiftsarchivs St. Gallen. In: Archiv für Diplomatik 24 (1978), S. 54—292.

UB SGall Dors
Urkundenbuch der Abtei St. Gallen. 2. Ergänzungsheft. Die Dorsualnotizen der älteren St. Galler Urkunden. Hg. v. O. P. Clavadetscher u. P. Staerkle. Faksimile-Ausgabe St. Gallen 1970.

UB SPölten
Niederösterreichisches Urkundenbuch. Bd 1: Urkundenbuch des aufgehobenen Chorherrenstiftes Sanct Pölten. 1. T.: 976—1367. Bearb. v. A. V. Felgel u. J. Lampel. Wien 1891. (Or: HHStA Wien, kollationiert).

UB Stmk 1—3
Urkundenbuch des Herzogthums Steiermark. Hg. v. Historischen Verein für Steiermark. Bearb. v. J. v. Zahn. 3 Bde. Graz 1875—1903. (Or: Stmk LA u. Sammlung Hausmann, kollationiert, Datierungen nach UB Stmk Erg).

UB Stmk Erg
Urkundenbuch des Herzogthums Steiermark. Ergänzungsheft zu den Bden 1—3 Hg. v. H. Pirchegger u. O. Freiherr v. Dungern. Veröffentlichungen der Historischen Landeskommission für Steiermark 33. Graz 1949.

UB Tir 1/1 — 1/3
Tiroler Urkundenbuch. Hg. v. der Historischen Kommission des Landesmuseums Ferdinandeum in Innsbruck. I. Abt.: Die Urkunden zur Geschichte des deutschen Etschlandes und des Vintschgaus. 3 Bde. Bearb. v. F. Huter. Innsbruck 1937. 1949. 1957.

UB Würt
Wirtembergisches Urkundenbuch. Hg. v. dem Königlichen Staatsarchiv in Stuttgart. Bd 1—4 u. 6. Bearb. v. E. v. Kausler, ab Bd 4 v. P. Stälin. Stuttgart 1849—1883. 1894.

UHdLöW
s. MGH. Laienfürsten- und Dynastenurkunden der Kaiserzeit. 1. Bd.

UnivBibl Graz
Universitätsbibliothek Graz. Universitätsplatz 3, 8010 Graz.

UnivBibl Innsbruck
Universitätsbibliothek Innsbruck. Innrain 50, 6020 Innsbruck.

Urb Asbach
s. Tr Asbach

Urb Freising Öst 31 bzw. 36
Codex diplomaticus Austriaco-Frisingensis. Sammlung von Urkunden und Urbaren zur Geschichte der ehemals freisingischen Besitzungen in Österreich. Hg. v. J. v. Zahn. In: FRA II/31 (1870), S. 1—122 u. 36 (1871), S. 7—20. Register: FRA II/35 (1871).

Urb Göttweig
Österreichische Urbare. III. Abt., Urbare geistlicher Grundherrschaften. Bd 1: Die Urbare des Benediktinerstiftes Göttweig von 1302 bis 1536. Hg. v. A. F. Fuchs. Wien u. Leipzig 1906. (Darin Besitzverzeichnis von ca 1120).

Urb Passau-Dk
Die Passauer Urbare. Bd 2: Die Urbare des Passauer Domkapitels vom 12.—16. Jh. Hg. v. A. Maidhof. Passau 1939.

Urb Passau-Hochstift
Die Passauer Urbare. Bd 1: Die Urbare des Hochstifts im 13. und 14. Jahrhundert. Hg. v. A. Maidhof. Passau 1933.

Urb Salzbg-Erzst
Die ältesten urbarialen Aufzeichnungen des Erzstiftes Salzburg. Hg. v. H. Klein. In: MGSL 75 (1935), S. 133—200.

Urb SPölten
Sankt Pölten Miszellen. Hg. v. G. Winner. In: JLNÖ NF 37 (1967), S. 100—111.

Ussermann: EpBamb
Aemilianus Ussermann, Episcopatus Bambergensis sub Metropoli Moguntina chronologice ac diplomatice illustratus. Mit Codex Probationum ... (=Germania sacra in Provincias Ecclesiasticas et Dioceses distributa 2). St. Blasien 1801.

V Altmanni
Christine Fleck, Die 'Vita Altmanni Episcopi Pataviensis'. Überlieferungsgeschichte und Edition. Hausarbeit am Institut für Österreichische Geschichtsforschung. Wien 1980 (auch in SS 12 [1856], S. 226—243).

V Bertholdi
Josef Lenzenweger, Berthold, Abt von Garsten. Graz—Köln 1960.

V Bonifatii, Otloh
Vitae Sancti Bonifatii archiepiscopi Moguntini. VII: Vitae Bonifatii auctore Otloho. Hg. v. W. Levison. In: SS in us. schol. 57 (1905), S. 1—58. Nachdruck 1977. (Auch in: SS 2 [1829], S. 331—353. Nachdruck 1976).

V ChunrSalisb
Vita Chunradi archiepiscopi Salisburgensis. Hg. v. W. Wattenbach. In: SS 11 (1854), S. 62—77.

V Corbiniani
Arbeonis episcopi Frisingensis vitae sanctorum Haimhrammi et Corbiniani. Hg. v. B. Krusch. In: SS in us. schol. 13 (1920), S. 100—234.

V Eberhardi
Vita et miracula beati Eberhardi archiepiscopi. Hg. v. W. Wattenbach. In: SS 11 (1854), S. 97—103.

V Emmerammi, Arbeo
Arbeonis episcopi Frisingensis vitae sanctorum Haimhrammi et Corbiniani. I: Vita vel passio Haimhrammi episcopi et martyris Ratisbonensis. Hg. v. B. Krusch. In: SS in us. schol. 13 (1920), S. 1—99.

V Emmerammi, Arnold
Ex Arnoldi libris de S. Emmerammo. Hg. v. G. Waitz. In: SS 4 (1841), S. 543—574. Nachdruck 1982.

V Gebehardi
Vita Gebehardi archiepiscopi Salisburgensis. Hg. v. W. Wattenbach. In: SS 11 (1854), S. 25—28, 33—49.

V Godehardi
Vitae Godehardi episcopi Hildesheimensis auct. Wolfherio. Hg. v. G. H. Pertz. In: SS 11 (1854), S. 162—218.

V Haertwici
Vita et miracula Sancti Haertwici archiepiscopi. Hg. v. W. Wattenbach. In: SS 11 (1854), S. 95—97.

V Hartmanni
Vita beati Hartmanni episcopi Brixinensis. Hg. v. A. Sparber. Schlern-Schriften 46 (1940).

V Heinr II
Vita Heinrici II. imperatoris auctore Adalboldo. Hg. v. G. Waitz. In: SS 4 (1841), S. 679—695. Nachdruck 1982.

V Hludowici
Vita Hludowici imperatoris. Hg. v. G. H. Pertz. In: SS 2 (1829), S. 604—648. Nachdruck 1976.

V KaroliMagni
Einhardi. Vita Karoli Magni. Hg. v. O. Holder-Egger. SS in us. schol. 25 (1911[2]). Nachdruck 1965.

V OttoBamb, Herb
Herbordi dialogus de Ottone episcopo Bambergensi. Hg. v. Ph. Jaffé. In: M Bamb, S. 693—835. (Auch in: SS 12 [1856], S. 746—822; SS 20 [1868], S. 697—769; SS in us. schol. 33 [1868]).

V OttoBamb, Prüf
Die Prüfeninger Vita des Bischofs Otto von Bamberg. Zur 800jährigen Gedenkfeier der Einführung des Christentums in Pommern. Hg. v. A. Hofmeister. Denkmäler der Pommerschen Geschichte. Bd 1. Greifswald 1924. (Auch in: SS 12 [1856], S. 883—903).

V Severini, Eug
Eugippius. Das Leben des heiligen Severin. Hg. v. Rudolf Noll. Schriften und Quellen der alten Welt. Bd 11. Berlin 1963. (Auch in: SS in us. schol. 26 [1898]. Nachdruck 1978).

V Virgilio
(Vita) de S. Virgilio. Hg. v. W. Wattenbach. In: SS 11 (1854), S. 86—95.

V Wolfkangi
Othloni vita sancti Wolfkangi episcopi. Hg. v. G. Waitz. In: SS 4 (1841), S. 521—542. Nachdruck 1982.

WeiheU SFlorian
Alois Zauner, Die „Kirchweihchronik" des Stiftes St. Florian, 1. Teil. Die Handschrift und ihr Inhalt. In: MOÖLA 10 (1971), S. 50—122.

Wichner: Admont 1
Jakob Wichner, Geschichte des Benediktiner-Stiftes Admont von den ältesten Zeiten bis zum Jahre 1177. Bd 1. (o.O.) 1874.

Zauner: Passauer BischofsU
Alois Zauner, Zur Siedlungs- und Herrschaftsgeschichte des mittleren Mühlviertels. Vier Passauer Bischofsurkunden des 13. Jahrhunderts. In: Geschichte und ihre Quellen. Festschrift Friedrich Hausmann zum 70. Geburtstag. Graz 1987, S. 445—482.

Literaturverzeichnis

AAA
Archivio per l'Alto Adige, hg. v. E. Tolomei, Bd 1 ff. Firenze 1901 ff.

AbhhAkadMünchen
Abhandlungen der Kgl. Bayerischen Akademie der Wissenschaften, München. Hist. Klasse: 1 (1833) — 24 (1909) u. phil.-philol. Klasse: 1 (1835) — 24 (80, 1909); phil.-philol. u. hist. Klasse: 25 (82, 1911) — 34 (99, 1928); phil.-hist. Klasse NF 1 (1929) ff.

AGI
Archivio Glottologico Italiano. Vol. 1 (1873) — 34 (1942). 35 (1950) — 65 (1980). Supp. 1 (1891) — 8 (1907). Roma, später Firenze 1873—1980.

Ahd.Grammatik
Wilhelm Braune, Althochdeutsche Grammatik. 14. Aufl., bearb. von Hans Eggers. Tübingen 1987.

Ahd.Wb
Althochdeutsches Wörterbuch. Auf Grund der von Elias von Steinmeyer hinterlassenen Sammlung bearb. u. hg. v. E. Karg-Gasterstädt u. Th. Frings. Bd 1 ff. Berlin 1968 ff.

AÖG
Archiv für Kunde österreichischer Geschichts-Quellen (ab 1866: Archiv für österreichische Geschichte). Hg. v. der zur Pflege vaterländischer Geschichte aufgestellten Commission (später Historischen Kommission) der kaiserl. (österr.) Akademie der Wissenschaften. Bd 1 ff. Wien 1848 ff.

H.Appelt, GründungsU Reun
Heinrich Appelt, Die Gründungsurkunden des Klosters Reun. In: Mitteilungen des Österreichischen Staatsarchivs. Festschrift zur Feier des zweihundertjährigen Bestandes des Haus-, Hof- und Staatsarchivs. Ergänzungsbd II, Bd 1. (1949), S. 237—246.

ArchivalZ
Archivalische Zeitschrift. Bd 1—13. München 1876—1888. NF Bd 1—20 (1890—1914). Folge 3 Bd 1 ff. 1915 ff.

R.Baravalle, Schloß Pack
Robert Baravalle, Das Schloß Pack. In: Blätter für Heimatkunde 9 (1931), S. 71—75.

C.Battisti/G. Giacomelli, Burgraviato di Merano
Carlo Battisti, Gabriella Giacomelli, I nomi locali del burgraviato di Merano. Dizionario Toponomastico Atesino. Serie II, vol. I, parte I—III. Firenze 1968—1970. Serie II, Vol. II, parte I—II. Firenze 1970—1972.

C.Battisti, Pusteria I—IV
Carlo Battisti, Maria Montecchini: I nomi locali della Pusteria. Dizionario Toponomastico Atesino dell'Istituto di Glottologia dell' Università di Firenze. Serie I, vol. II, parte I-IV. Firenze 1938—1941.

C.Battisti, S. Andrea in Monte
Carlo Battisti, I nomi locali di S. Andrea in Monte. Dizionario Toponomastico Atesino dell'Istituto di Glottologia dell' Università di Firenze. Serie IV, vol. I, fasc. II. Roma — Bolzano 1953.

F.Bezlaj, Slow.GewN
France Bezlaj, Slovenska vodna imena. 2 Bde. Laibach 1956 u. 1961.

BHbl
Burgenländische Vierteljahrshefte für Landeskunde, Heimatschutz und Denkmalpflege. Jg. 1 ff. Eisenstadt 1927 ff. Forts.: Burgenländische Heimatblätter. Jg. 1 ff. Eisenstadt 1932—1938, 1946 ff.

BiblRerGerm
Bibliotheca rerum Germanicarum. Hg. v. Philipp Jaffé. Bd 1—6, Berlin 1864—1873.

M.Bitschnau, Burg u.Adel in Tirol
Martin Bitschnau, Burg und Adel in Tirol zwischen 1050 und 1300. Grundlagen zu ihrer Erforschung. Mitteilungen der Kommission für Burgenforschung und Mittelalter-Archäologie. Sonderbd 1. Wien 1983.

BLNÖ
Blätter des Vereins für Landeskunde von Niederösterreich. Jg. 1 u. 2. Wien 1865 u. 1866. NF Jg. 1—35, Wien 1867—1901. Forts.: MBl.

BNF
Beiträge zur Namenforschung. Bd 1—16, Heidelberg 1949/50—1965. NF Bd 1 ff. Heidelberg 1966 ff., Beihefte 1 ff. Heidelberg 1969 ff.

BONF
Blätter für oberdeutsche Namenforschung. Bd 1 ff. München 1958 ff.

Du Cange
Du Cange, Glossarium mediae et infimae Latinitatis. 8 Bde. Unveränderter Nachdr. der Ausgabe v. 1883—1887. Graz 1954.

Carinthia I
Carinthia I. Geschichtliche und volkskundliche Beiträge zur Heimatkunde Kärntens. Hg. v. Geschichtsverein für Kärnten. Bd 81 ff. Klagenfurt 1891 ff.

E.Chrambach, Tr Formbach
Eva Chrambach, Die Traditionen des Klosters Formbach. Phil. Diss. München/Altendorf 1983/1987.

P.Classen, Gerhoch
Peter Classen, Gerhoch von Reichersberg. Eine Biographie mit einem Anhang über die Quellen, ihre handschriftliche Überlieferung und ihre Chronologie. Wiesbaden 1960.

A.Crepaz, Livinallongo
Anton Crepaz, Die Orts- und Flurnamen von Livinallongo. Beiheft zum Jahrbuch für Geschichte, Kultur und Kunst Nr 2. Bozen 1937.

P.Csendes, Straßen NÖ's
Peter Csendes, Die Straßen Niederösterreichs im Früh- und Hochmittelalter. Dissertationen der Universität Wien Nr 33. Wien 1969.

H.Dienst, Babenberger-Studien
Heide Dienst, Babenberger-Studien. Niederösterreichische Traditionsnotizen als Quellen für die Zeit Markgraf Leopolds III. Wiener Dissertationen aus dem Gebiete der Geschichte Nr 7. Wien 1966.

H.Dienst, NÖ Pfarren
Heide Dienst, Niederösterreichische Pfarren im Spannungsfeld zwischen Bischof und Markgraf nach dem Ende des Investiturstreites. In: Mitteilungen des Österreichischen Staatsarchivs Bd 34 (1981), S. 1—44.

H.Dittmaier, Rhein. FlurN
Rheinische Flurnamen unter Mitarbeit von P. Melchers auf Grund des Materials des von A. Bach begründeten Rheinischen Flurnamenarchivs, bearb. v. Heinrich Dittmaier. Bonn 1963.

DRG
Dicziunari Rumantsch Grischun. Begründet v. Robert de Planta u. Florian Melcher. Hg. v. d. Società Retorumantscha cul agüd da la Confederaziun, dal Chantun Grischun e da la Lia Rumantscha. Bd 1 ff. Chur 1939/46 ff.

Dt.Etym.Wb
Rolf Hiersche, Deutsches etymologisches Wörterbuch. Germanische Bibliothek, NF, Lfg. 1 ff. Heidelberg 1986 ff.

Dt.Rechtswb
Deutsches Rechtswörterbuch (Wörterbuch der älteren deutschen Rechtssprache). Hg. v. der Preußischen Akademie der Wissenschaften (ab Bd 4 von der Deutschen Akademie der Wissenschaften zu Berlin; ab Bd 5 in Verbindung mit der Deutschen Akademie der Wissenschaften zu Berlin hg. v. der Heidelberger Akademie der Wissenschaften). Bd 1 ff. Weimar 1914—1932 ff.

DWB[1]
Jacob und Wilhelm Grimm, Deutsches Wörterbuch. 16 Bde. Leipzig 1854—1954.

DWB[2]
Jacob und Wilhelm Grimm, Deutsches Wörterbuch. Neubearbeitung. Hg. von der Akademie der Wissenschaften der DDR in Zusammenarbeit mit der Akademie der Wissenschaften zu Göttingen. Bd 1 ff. Leipzig 1983 ff.

H.Ebner, Göß
Herwig Ebner, Die Besitzgeschichte des Nonnenklosters Göß in Steiermark vom Jahre 1020—1460 mit besonderer Berücksichtigung des Klostergutes im Gerichtsbezirk Leoben. Phil. Diss. Graz 1949.

F.Eheim-M.Weltin, Berichtigungen
Fritz Eheim u. Max Weltin, Berichtigungen und Ergänzungen zu den niederösterreichischen Betreffen in den Regi-

stern des 'Babenberger-Urkundenbuches'. In: UH 45 (1974), S. 166-173.

Th.Elwert, Fassa-Tal
W. Theodor Elwert, Die Mundart des Fassa-Tals. Heidelberg 1943.

Etym.Ahd.Wb
Albert L. Lloyd u. Otto Springer, Etymologisches Wörterbuch des Althochdeutschen. Bd 1 ff. Göttingen 1988 ff.

H.Feigl, Pfarre Allentsteig
Helmuth Feigl, Die angebliche Gründungsurkunde der Pfarre Allentsteig. In: Geschichte und ihre Quellen. Festschrift Friedrich Hausmann zum 70. Geburtstag. Graz 1987, S. 387—398.

H.Ferihumer, Kirchenkarte OÖ
Erläuterungen zum Historischen Atlas der österreichischen Alpenländer. Hg. v. der Österreichischen Akademie der Wissenschaften. II. Abteilung: Die Kirchen- und Grafschaftskarte. 7. Teil: Oberösterreich v. Heinrich Ferihumer. 2. Aufl. Wien 1962.

H.Fichtenau, Stiftbrief Kremsmünster
Heinrich Fichtenau, Die Urkunden Herzog Tassilos III. und der 'Stiftbrief' von Kremsmünster. In: Beiträge zur Mediävistik. Ausgewählte Aufsätze. 2. Bd: Urkundenforschung. Stuttgart 1977, S. 64—99.

H.Fichtenau, Urkundenfälschungen
Heinrich Fichtenau, Zu den Urkundenfälschungen Pilgrims von Passau. In: MOÖLA 8 (1964), S. 81—100.

H.Fichtenau, Urkundenwesen
Heinrich Fichtenau, Das Urkundenwesen in Österreich vom 8. bis zum frühen 13. Jahrhundert. MIÖG Ergbd 23. Wien 1971.

H.Fink, Tir Wortschatz
Hans Fink, Tiroler Wortschatz an Eisack, Rienz und Etsch. Nachlese zu J. Schatz, Wörterbuch der Tiroler Mundarten. Zum Druck vorbereitet von K. Finsterwalder. Schlern-Schriften 250 (1972).

K.Finsterwalder, Ahrn
Karl Finsterwalder, Ahrn, Erl, Afing, Welschnofen, Hafling und andere Tiroler Namen. In: Schlern 37 (1963), S. 321—323.

K.Finsterwalder, Alpicula ‚kleine Alpe'
Karl Finsterwalder, Alpicula für ‚kleine Alpe' — Zur Sprach- und Sachentwicklung des Wortes im Raume von Salzburg bis Vorarlberg und Graubünden. In: Festschrift Nikolaus Grass zum 60. Geburtstag. Hg. v. Louis Carlen u. Fritz Steinegger. II. Bd: Aus Geschichte und Recht der Almen, Kultur- und Kunstgeschichte, Volkstum, Wissenschaftsgeschichte aus der Sippen- und Familiengeschichte des Jubilars. Innsbruck 1975, S. 19—29.

K.Finsterwalder, Angath
Karl Finsterwalder, Die Schranne Langkampfen. 4. Ort-, Bauernhof- und Flurnamen. In: Schlern-Schriften 109 (1953), S. 14—30.

K.Finsterwalder, Arzl
Karl Finsterwalder, Die vordeutschen Namen in Arzl. In: Tir Heimat 27/28 (1963/64), S. 49—52.

K.Finsterwalder, Axams
Karl Finsterwalder, Woher stammen die Namen Axams und Lizum. In: Tir.Tageszeitung Nr 87, 13. 4.1963, S. 5

K.Finsterwalder, BergNK
Karl Finsterwalder, Bergnamenkunde zwischen Enns und Rhein. In: ZAV 84 (1959), S. 139—157.

K.Finsterwalder, Bespr.DTA
Karl Finsterwalder, Besprechung des Dizionario toponomastico Atesino. In: ZONF 17 (1941), S. 271—295.

K.Finsterwalder, NK Kitzbühel
Karl Finsterwalder, Namenkunde des Kitzbüheler Raumes. In: Stadtbuch Kitzbühel, besorgt v. Ed. Widmoser, IV. Bd (1971), S. 9—60.

K.Finsterwalder, ON um Klausen
Karl Finsterwalder, Ortsnamen um Klausen. In: Schlern 46 (1972), S. 417—428.

K.Finsterwalder, ON Wipp- u.Eisacktal
Karl Finsterwalder, Ortsnamen und Schicksale der deutschen Sprache im Wipp- und Eisacktal. In: Jahrbuch des Südtiroler Kulturinstituts 1 (1961), S. 3—15.

K.Finsterwalder, Patsch, Padaster
Karl Finsterwalder, Patsch, Padaster, Padaun und Pfons im Wipptal. Kritiken und

Lösungsversuche. In: Schlern 25 (1951), S. 176—178.

K.Finsterwalder, Pirra u. Ahrn
Karl Finsterwalder, Neues über Pirra und Ahrn. In: Schlern 15 (1934), S. 408—413.

K.Finsterwalder, PraedienN auf -ANUM
Karl Finsterwalder, Die Sprachform der romanischen Praediennamen auf -ANUM in Tirol und ihre Beweiskraft für die Siedlungsgeschichte. In: Tir Heimat 27/28 (1963/64), S. 7—27.

K.Finsterwalder, Räter
Karl Finsterwalder, Die Herkunft der Räter und die Sprache der rätischen Ortsnamen. Kulturpolitische und wissenschaftliche Nachrichten aus dem deutsch-romanischen Alpengrenzraum, Folge 18/41, Reihe D. Innsbruck 4. 8.1941 (hektographiert).

K.Finsterwalder, Rom.ONSuffixe
Karl Finsterwalder, Romanische Ortsnamensuffixe in Tiroler Mundart und Schreibtradition. In: Innsbrucker Beiträge zur Kulturwissenschaft, Bd 9—10: Weltoffene Romanistik. Festschrift Alwin Kuhn zum 60. Geburtstag. Hg. v. G. Plangg u. E. Tiefenthaler. Innsbruck 1963, S. 121—149.

K.Finsterwalder, Sprachschichten
Karl Finsterwalder, Sprachschichten in den Ortsnamen Tirols. In: Tir Heimat 38 (1974), S. 247—259.

K.Finsterwalder, TirNK
Karl Finsterwalder, Tiroler Namenkunde. Sprach- und Kulturgeschichte von Personen-, Familien- und Hofnamen. Innsbrucker Beiträge zur Kulturwissenschaft. Germanistische Reihe Bd 4. Innsbruck 1978.

K.Finsterwalder, Wattens
Karl Finsterwalder, Die Namenschichten im Raume von Wattens und in den Tuxer Voralpen. In: Schlern-Schriften 165 (1958), S. 203—231.

K.Finsterwalder, Zillertaler Berg- u. TalN
Karl Finsterwalder, Zillertaler Berg- und Talnamen. Einblicke in die älteste Gebirgsanschauung und -besiedelung von den Namen der Karte aus. In: ZAV 65 (1934), S. 12—27.

E.Förstemann, ON
Ernst Förstemann, Altdeutsches Namenbuch. 2. Bd: Orts- und sonstige geographische Namen (Völker-, Länder-, Siedlungs-, Gewässer-, Gebirgs-, Berg-, Wald-, Flurnamen und dgl.). 2 Bde. Nachdruck der 3., völlig neu bearb., um 100 Jahre (1100—1200) erweiterten Aufl. hg. v. H. Jellinghaus. München 1967.

FRA
Fontes rerum Austriacarum. Österreichische Geschichts-Quellen. Hg. v. der Historischen Commission der kaiserl. (österr.) Akademie der Wissenschaften in Wien, II. Abt.: Diplomataria et Acta. Bd 1ff. Wien 1849ff.

W.Fresacher, SPaul i.K.
Walther Fresacher, Der Besitz des Klosters St. Paul in Kärnten. In: Carinthia I, 149. Jg. H. 2—4 (1959), S. 25—66.

K.E.Georges
Ausführliches lateinisch-deutsches Handwörterbuch. Aus den Quellen zusammengetragen und mit besonderer Bezugnahme auf Synonymik und Antiquitäten unter Berücksichtigung der besten Hilfsmittel ausgearbeitet von Karl Ernst Georges. 2 Bde, 11. Aufl. Basel 1962.

GQProvSachs
Geschichtsquellen der Provinz Sachsen und angrenzender Gebiete, 49 Bde, Halle 1870—1923. NR: Geschichtsquellen der Provinz Sachsen und des Freistaats Anhalt. 21 Bde. Magdeburg 1925—1940.

P.Gradauer, Spital am Pyhrn
Peter Gradauer, Spital am Pyhrn in Oberösterreich. Hospital und Kollegiatsstift; dessen innere Verfassung und dessen juridische Beziehungen zum Hochstift Bamberg. Linz 1957.

E.Graff
Eberhard G. Graff, Althochdeutscher Sprachschatz oder Wörterbuch der althochdeutschen Sprache. 6 Bde u. 1 Indexbd. Berlin 1834—1846, Neudr. Darmstadt 1963.

L.Gross, Urkundenwesen Passau
Lothar Gross, Über das Urkundenwesen der Bischöfe von Passau im 12. und 13.

Jahrhundert. In: MIÖG Ergbd 8 (1911), S. 505—673.

F.Hausmann, Vogtei Admont
Friedrich Hausmann, Die Vogtei des Klosters Admont und die Babenberger. In: JLNÖ 42 (1976), S. 95—151.

W.Hauthaler, Tr Mondsee
Willibald Hauthaler, Der Mondseer Traditions-Codex. In: MIÖG 7 (1886) S. 223—239.

Hb Hist St
Handbuch der historischen Stätten. Österreich. 1. Bd: Donauländer und Burgenland. Hg. v. K. Lechner. Stuttgart 1970. 2. Bd: Alpenländer mit Südtirol. Hg. v. F. Huter. 2. überarbeitete Aufl. Stuttgart 1978.

P.Herde, Ranshofen
Peter Herde, Ranshofener Urkundenstudien. Eine Petition an Papst Clemens IV. und zwei verfälschte Diplome Heinrichs III. In: ZBLG 24 (1961), S. 183—228.

A.Holder
Alfred Holder, Alt-Celtischer Sprachschatz. 3 Bde, Nachdr. der Ausgabe von 1896/1907. Graz 1961—1962.

K.Holter, Kremsmünster
Kurt Holter, Die Gründung von Kremsmünster und die Besiedelungsgeschichte des mittleren Oberösterreich. In: MOÖLA 8 (1964), S. 43—80.

K.Holter, Schlierbach
Kurt Holter, Geschichte von Schlierbach bis 1355. In: JOÖMV 116 (1971), I. Abhandlung, S. 213—248.

K.Holter, Traunbrücke
Kurt Holter, Die römische Traunbrücke Wels und die Anfänge des Welser Bruckamtes. In: Jahrbuch des Musealvereins Wels (o.Bandangabe = 2) (1955), S. 124—151.

K.Holter, Zwentibold
Karl Holter, Zwentibold und Pernstein. In: JLNÖ 38 (1968—70), S. 196—216.

K.Huber, PN Graub
Rätisches Namenbuch. Bd III: Die Personennamen Graubündens. Mit Ausblicken auf Nachbargebiete. Hg. v. Konrad Huber. Teil 1 u. 2. Bern 1986.

F.Huter, Kloster Innichen
Franz Huter, Kloster Innichen und die Besiedlung Tirols. In: Jahrbuch des Südtiroler Kulturinstituts. Bd 2: Stifte und Klöster (1962), S. 11—32.

H.Jandaurek, Alpenvorland
Herbert Jandaurek, Das Alpenvorland zwischen Alm und Krems, seine frühmittelalterlichen Bodendenkmäler und die Grundherrschaften. Schriftenreihe der oö. Landesbaudirektion Nr. 15. Wels 1957.

M.Jedinger, ON Vöcklabruck
Maria Jedinger, Die Ortsnamen des oberösterreichischen Bezirkes Vöcklabruck und ihre Geschichte. Phil. Diss. Wien 1954.

JGMitteldt
Jahrbuch für die Geschichte (1: des deutschen Ostens) Mittel- und Ostdeutschlands. Bd 1 ff. Tübingen 1952 ff.

JLNÖ
Jahrbuch (des Vereins) für Landeskunde von Niederösterreich. Bd 1 u. 2/3. Wien 1867 u. 1868/69; NF Bd 1 ff. Wien 1902 ff.

P.Johanek, Bistum Würzburg
Peter Johanek, Die Frühzeit der Siegelurkunde im Bistum Würzburg. Quellen und Forschungen zur Geschichte des Bistums und Hochstifts Würzburg Bd 20. Würzburg 1969.

JOÖMV
Bericht über das Museum Francisco-Carolinum. Bd 1—52, 1840—1894. Forts.: Jahresbericht des Museums Francisco-Carolinum. Bd 53—80. Linz 1895—1924. Forts.: Jahrbuch des Oberösterreichischen Musealvereins. Bd 81 ff. Linz 1926 ff.

Kä Wb
Matthias Lexer, Kärntnisches Wörterbuch, Leipzig 1862. Neudr. Wiesbaden 1965.

H.Kaufmann, PN
Ernst Förstemann, Altdeutsche Personennamen. Ergbd verf. v. Henning Kaufmann. München 1968.

K.Keßler, ON Murgebiet
Klaus Keßler, Ortsnamen in der Westhälfte des obersteirischen Murgebietes. Phil. Diss. Wien 1957.

E.Klebel, U Ludw d Fr
Ernst Klebel, Zur Kritik der Urkunde Ludwigs des Frommen für Passau vom 28. 6.823. In: ArichvalZ 50/51 (1955), S. 319—327.

F.Kluge, Etym.Wb
Friedrich Kluge, Etymologisches Wörterbuch der deutschen Sprache. 21. Aufl. Berlin—New York 1975.

H.Koller, Gründung Kremsmünster
Heinrich Koller, Zur Gründung des Klosters Kremsmünster. In: 23. Jahrbuch des Musealvereines Wels. Festschrift Kurt Holter. (1981), S. 69—113.

H.Koller, GründungsU Seitenstetten
Heinrich Koller, Die Gründungsurkunden für Seitenstetten. Zugleich ein Beitrag zu den Anfängen des Herzogtums Österreich. In: Archiv für Diplomatik 16 (1970), S. 51—141.

H.Koller, König Arnolfs Privileg
Heinrich Koller, König Arnolfs Privileg für Salzburg. In: MGSL 109 (1970), S. 65—75.

H.Koller, Markgraf Leopold
Heinrich Koller, Der Babenberger Markgraf Leopold III. und Baiern. In: Festschrift für Peter Acht. Münchener Historische Studien, Abteilung geschichtl. Hilfswissenschaften. Bd 15 (1976), S. 86—94.

H.Koller, Tr SFlorian
Heinrich Koller, Zur Überlieferung älterer St. Florianer Traditionen. In: Festschrift Friedrich Hausmann. Hg. v. H. Ebner. Graz 1977, S. 285—298.

I.Koller-Neumann, Bistum Bamberg
Irmtraud Koller-Neumann, Die Lehen des Bistums Bamberg in Kärnten bis 1400. Hg v. der Direktion des Kärntner Landesarchivs. Bd 7. Klagenfurt 1982.

H.Krahe, FlußN
Hans Krahe, Unsere ältesten Flußnamen. Wiesbaden 1964.

E.Kranzmayer, Lgg
Eberhard Kranzmayer, Historische Lautgeographie des gesamtbairischen Dialektraumes. Mit 27 Laut- u. 4 Hilfskarten. Wien 1956.

E.Kranzmayer, Lungau
Eberhard Kranzmayer, Namenkundliche Beiträge zur Geschichte des Lungaus: In: BONF 8, H. 1/2 (1967), S. 8—26.

E.Kranzmayer, ON Salzb
Eberhard Kranzmayer, Die Ergebnisse der neuesten österreichischen Ortsnamenkunde und das Land Salzburg. In: MGSL 97 (1957), S. 1—16.

F.Kremser, Admont
Franz Kremser, Besitzgeschichte des Benediktiner-Stiftes Admont 1074—1434 im Spiegel der Urkunden. Phil. Diss. Graz 1969.

O.Kronsteiner, Alpenslaw.PN
Otto Kronsteiner, Die alpenslawischen Personennamen. Österreichische Namenforschung. Sonderreihe 2. Wien 1975.

E.Kugler, FlurN Krems
Elisabeth Kugler, Die Flurnamen des Gebietes um Krems an der Donau. Phil. Diss. Wien 1970.

J.Lahnsteiner, Oberpinzgau
Josef Lahnsteiner, Oberpinzgau von Krimml bis Kaprun. Eine Sammlung geschichtlicher, kunsthistorischer und heimatkundlicher Notizen für die Freunde der Heimat. Hollersbach 1980.

K.Lechner, Besiedlungs- u.Herrschaftsgeschichte
Karl Lechner, Besiedlungs- und Herrschaftsgeschichte des Waldviertels. Mit besonderer Berücksichtigung des Mittelalters und der frühen Neuzeit. In: Das Waldviertel. Bd 7. Wien (o. J. = 1937), 2. Buch, S. 1—276.

K.Lechner, Kloster Erla
Karl Lechner, Die Anfänge des Benediktinerinnenklosters Erla in Niederösterreich und sein angeblicher Stiftbrief. In: JLNÖ 31 (1953—54), S. 1—33.

K.Lechner, 'Parschalches'
Karl Lechner, 'Potschalln' — 'Parschalches' — 'Paschaler'. Ein Beitrag zur österreichischen Rechtsgeschichte und Volkskunde. In: Aus Verfassungs- und Landesgeschichte. Festschrift zum 70. Geburtstag v. Theodor Mayer. Bd 1. Lindau/Konstanz 1954, S. 65—80.

K.Lechner, Waldegg-Muthmannsdorf
Karl Lechner, Waldegg-Muthmannsdorf. Ein Beitrag zur mittelalterlichen Herrschafts- und Kirchengeschichte im österreichisch-steirischen Grenzraum Piestingtal — Hohe Wand — 'Neue Welt'. In: JLNÖ 38 (1968—70), S. 456—487.

K.Lechner, Waldviertel
Karl Lechner, Geschichte der Besiedlung und der ursprünglichen Grundbesitzverteilung des Waldviertels. In: JLNÖ 19 (1924), S. 10—210.

J.Lenzenweger, Berthold
Josef Lenzenweger, Berthold. Abt von Garsten. Forschungen zur Geschichte Oberösterreichs. Bd 5. Linz 1958.

J.Lenzenweger, Garsten
Josef Lenzenweger, Die Bestände des Klosterarchivs Garsten am Ausgang des Hochmittelalters. In: Festschrift Karl Eder zum 70. Geburtstag. Hg. im Auftrag eines Redaktionsausschusses am Historischen Institut der Universität Graz v. H. J. Mezler-Andelberg. Graz 1959, S. 321—329.

M.Lexer, Mhd.Wb
Matthias Lexer, Mittelhochdeutsches Handwörterbuch. Nachdr. der Ausgabe Leipzig 1872—1878. 3 Bde. Stuttgart 1979.

A.Lhotsky, Quellenkunde
Alphons Lhotsky, Quellenkunde zur mittelalterlichen Geschichte Österreichs. MIÖG Ergbd 19 (1963).

F.Lochner v. Hüttenbach, Bez. Liezen
Fritz Freiherr Lochner von Hüttenbach, Etymologisches zu Namen des Bezirkes Liezen. In: Da schau her. Beiträge aus dem Kulturleben des Bezirkes Liezen. 8. u. 9. Jg. (1987, 1988).

I.Mader, ON St. Andräer-Berg
Ignaz Mader, Die Ortsnamen am St. Andräer-Berg bei Brixen a. E. Schlern-Schriften 31 (1936).

MBl
Monatsblatt des Vereins für Landeskunde (und Heimatschutz) von Niederösterreich (und Wien). Jg. 1—26. Wien 1902—1927; seither mit Obertitel 'Unsere Heimat', s. UH.

MGSL
Mitteilungen der Gesellschaft für Salzburger Landeskunde. Jg. 1 ff. Salzburg 1861 ff.

F.Miklosich, Slav.ON
Franz Miklosich, die slavischen Ortsnamen aus Appellativen. Wien 1872.

F.Miklosich, Slav.PN
Franz Miklosich, Die Bildung der slavischen Personennamen. Denkschriften der phil.-hist. Classe der kaiserlichen Akademie der Wissenschaften Bd 10. Wien 1860.

MIÖG
Mitteilungen des Instituts für Österreichische Geschichtsforschung Bd 1 ff. Wien 1880 ff., Ergänzungsbde 1 ff. Wien 1885 ff.

O.Mitis, Studien
Oskar Freiherr von Mitis, Studien zum älteren österreichischen Urkundenwesen. Wien 1912.

H.Mitscha-Märheim, Ernstbrunn
Herbert Mitscha-Märheim, Graf Rapoto „von Ernstbrunn", seine Sippe und seine Beziehung zu den Babenbergern. Tatsachen, Probleme und Hypothesen. In. UH 46 (1975), S. 156—162.

MOÖLA
Mitteilungen des Oberösterreichischen Landesarchivs. Bd 1 ff. Linz 1950 ff.

MStmkLA
Mitteilungen des Steiermärkischen Landesarchivs. Bd 1 ff. Graz 1951 ff.

H.Müller, Waldhausen
Hubert Fr. X. Müller, Die kirchenrechtlichen Verhältnisse des Augustiner-Chorherrenstiftes Waldhausen im Spätmittelalter. Seine Anfänge und sein Pfarrnetz. In: JOÖMV 113 (1968), I. Abhandlung, S. 73—108.

MVGSGall
Mitteilungen zur vaterländischen Geschichte. 2 Bde. St. Gallen 1862—1868. NF Bd 1 (11, 1869) bis 10 (20, 1884). Folge 3: Bd 1 (21, 1884) bis 10 (30/1/2a, 1906—1908. 1913). Folge 4: Bd 1 (31, 1909) ff.

W.Neumann, Alpuuinus
Wilhelm Neumann, Alpuuinus de Caran-

tania. Zu den Anfängen des Bistums Freising in Kärnten. In: Festschrift Friedrich Hausmann. Hg. v. H. Ebner. Graz 1977, S. 355—362.

OA
Oberbayerisches Archiv für vaterländische Geschichte. Hg. v. Historischen Verein von und für Oberbayern. Bd 1 ff. München 1839 ff.

H.Ölberg, Vorröm.ON
Hermann Ölberg, Das vorrömische Ortsnamengut Nordtirols. Phil. Diss. Innsbruck 1962.

D.Olivieri
Dante Olivieri, Toponomastica Veneta. Civiltà Veneziana. Dizionari dialettali 2, 2. Aufl. Venezia—Roma 1971.

ONB Burgld
Burgenländisches Siedlungsnamenbuch. Hg. v. Eberhard Kranzmayer u. Karl Bürger. Burgenländische Forschungen 36. Eisenstadt 1957.

ONB Kä
Eberhard Kranzmayer, Ortsnamenbuch von Kärnten. I. T.: Die Siedlungsgeschichte Kärntens von der Urzeit bis zur Gegenwart im Spiegel der Namen. II. T.: Alphabetisches Kärntner Siedlungsnamenbuch. Archiv für vaterländische Geschichte und Topographie 50—51. Klagenfurt 1956—1958.

ONB NÖ
Historisches Ortsnamenbuch von Niederösterreich, verf. v. Heinrich Weigl unter Mitarbeit von Roswitha Seidelmann u. Karl Lechner. 7 Bde. Wien 1964—1975, Ergbd von Fritz Eheim u. Max Weltin. Wien 1981.

ONB NÖ, Etym.
Historisches Ortsnamenbuch von Niederösterreich, Reihe B. Die Etymologie der niederösterreichischen Ortsnamen. T. 1: Einleitung, Abkürzungsverzeichnisse, Ortsnamen A—E. Hg. v. Verein f. Landeskunde v. Niederösterreich, bearb. v. Elisabeth Schuster. Wien 1989.

ONB OÖ
Ortsnamenbuch des Landes Oberösterreich. Hg. v. Peter Wiesinger. Bd 1: Der politische Bezirk Braunau am Inn, bearb. v. Elisabeth Bertol-Raffin u. Peter Wiesinger, (im Druck).

ONB Sa
Franz Hörburger, Salzburger Ortsnamenbuch. Bearb. v. Ingo Reiffenstein u. Leopold Ziller. MGSL Ergbd 9 (1982).

ONB Stmk
Josef v. Zahn, Ortsnamenbuch der Steiermark im Mittelalter. Wien 1893.

ONL OÖ
Konrad Schiffmann, Historisches Ortsnamen-Lexikon des Landes Oberösterreich. 2 Bde. Linz 1935, Ergbd. München 1940.

ONOMA
Onoma. Bibliographical and Information Bulletin. Vol. 1 ff. Leuven 1950 ff.

E.Piekniczek, Ob Innv
Elfriede Piekniczek, Die Siedlungsnamen des oberen Innviertels. Phil. Diss. Wien 1962.

S.Pirchegger, Mürzgebiet
Simon Pirchegger, Die slavischen Ortsnamen im Mürzgebiet. Veröffentlichungen des Slavischen Instituts an der Friedrich-Wilhelm-Universität Berlin. Leipzig 1927.

G.Pirona
Giulio Andrea Pirona, Ercole Corgnali, Giovanni Battisti, Il Nuovo Pirona. Vocabulario Friulano. 2. Aufl. Udine 1967.

M.Pleteršnik
Max Pleteršnik, Slovensko-nemški slovar. 2 Bde. Ljubljana 1894/95.

J.Pokorny, Idg.Wb.
Julius Pokorny, Indogermanisches etymologisches Wörterbuch. 2 Bde. Bern u. München 1959, 1960.

F.Posch, Salzbg Besitz
Fritz Posch, Zur Lokalisierung des in der Urkunde von 860 genannten Salzburger Besitzes. In: MGSL 101 (1961), S. 243—260.

F. X.Pritz, Suben
Franz Xaver Pritz, Beiträge zur Geschichte des aufgelassenen Chorherrenstiftes Suben. In: 16. Bericht über das Museum Francisco-Carolinum (1856), S. 1—66.

H.Purkarthofer, U Göß
Heinrich Purkarthofer, Die Gutenberger Urkunden des Stiftes Göß. Liutold von Gutenberg zu Weiz am 11. Mai 1188. In: Weiz, Geschichte und Landschaft in Einzeldarstellungen 10/II (1974), S. 57—82.

QE
Quellen und Erörterungen zur Bayerischen (und deutschen) Geschichte. Hg. v. der Kommission für bayerische Landesgeschichte bei der Bayerischen Akademie der Wissenschaften. Bd 1. München 1856 bis Bd 9 (1864). NF Bd 1 ff. München 1903 ff.

G.Rath, Mondsee
Gebhard Rath, Die Traditionsbücher der ehemaligen Benediktinerabtei Mondsee, Oberösterreich. In: Mélanges offerts par ses confrères étrangers à Charles Braibant. Bruxelles 1959, S. 397—411.

G.Rath, Ms
Gebhard Rath, Manuskript zu einer Neuedition des Mondseer Traditionscodex.

R.Reitner, SiedlungsN Mostviertel
Rosa Reitner, Die Siedlungsnamen des Mostviertels und des Ybbstales in Niederösterreich. Phil. Diss. Wien 1955.

REW
Wilhelm Meyer-Lübke, Romanisches etymologisches Wörterbuch. 3. Aufl. Heidelberg 1935.

B.Richter-Santifaller, ON Ladinien
Berta Richter-Santifaller, Die Ortsnamen von Ladinien. Schlern-Schriften 36 (1937).

RN
Rätisches Namenbuch. Begr. v. R. v. Planta. Bd 1: Materialien. Hg. v. d. Stiftung von Schnyder von Wartensee mit Unterstützung des Kantons Graubünden und der Familie v. Planta. Zürich-Leipzig 1939. Bd 2: Etymologien. Bearb. u. hg. v. A. Schorta. Bern 1964.

J.Rössl, Zwettl
Joachim Rössl, Die Frühgeschichte des Zisterzienserklosters Zwettl. Eine Darstellung mit Regesten. In: Blätter für deutsche Landesgeschichte 113 (1977), S. 44—88.

B.Roth, Besitzgeschichte Seckau
Benno Roth, Besitzgeschichte des ehemaligen Augustinerchorherren- und Domstiftes Seckau 1140—1270. Seckauer Geschichtliche Studien. Heft 3. Seckau 1933.

SbbAkadMünchen
Sitzungsberichte der (kgl.) Bayerischen Akademie der Wissenschaften zu München. Phil.-philol. Klasse. Hist. Klasse. München 1860 ff. (seit 1971: Phil.-philol. u. hist. Klasse).

SbbAkadWien
Sitzungsberichte der kaiserlichen (ab Bd 224 [1947]): der Österreichischen Akademie der Wissenschaften. Phil.-hist. Klasse. Bd 1 ff. Wien 1848 ff.

J.Schatz
Josef Schatz, Altbairische Grammatik, Laut- und Flexionslehre. Göttingen 1907.

H.Schelesniker, Admont
Herbert Schelesniker, Zum Namen Admont. In: Anzeiger für slavische Philologie 7 (1974), S. 1—6.

Schlern
Der Schlern. Südtiroler Monatsschrift für Heimatkunde und Heimatpflege. Bd 1 ff. Bozen 1920 ff.

Schlern-Schriften
Schlern-Schriften. Veröffentlichungen zur Landeskunde von Südtirol. Bd 1 ff. Innsbruck 1923 ff.

J.Schmeller, BayWb
J. Andreas Schmeller, Bayerisches Wörterbuch. 2. Aufl. v. G. Karl Frommann. München 1872—1877. Nachdr. Aalen 1973.

E.Schmiedbauer, U Innviertel
Erika Schmiedbauer, Die Siedlungsnamen des unteren Innviertels. Phil. Diss. Wien 1961.

E.Schneider, Rom.Entlehnungen
Elmar Schneider, Romanische Entlehnungen in den Mundarten Tirols. Ein dialektgeographischer Versuch. Deutsche Wortforschung in europäischen Bezügen. Hg. v. L. E. Schmitt. Bd 3. Giessen 1963.

Ch.Schneller, Beiträge
Christian Schneller, Beiträge zur Ortsnamenkunde Tirols. 3 Hefte. Innsbruck 1893, 1894, 1896.

Ch.Schneller, Tir Nf
Christian Schneller, Tirolische Namenforschungen. Innsbruck 1890.

G.Schramm, Botelung
Gottfried Schramm, Etzels Vater Botelung. In: BNF NF 1 (1966), S. 266—290.

R.Schützeichel, Ahd.Wb
Rudolf Schützeichel, Althochdeutsches Wörterbuch. 2., durchgesehene u. erg. Aufl. Tübingen 1974.

E.Schuster, s Waldv
Elisabeth Schuster, Die Siedlungsnamen des südlichen Waldviertels. Phil. Diss. Wien 1981.

E.Schwarz, ON OÖ
Ernst Schwarz, Die Ortsnamen des östlichen Oberösterreich. Prager Deutsche Studien 42. Reichenberg 1926. Nachdr. Hildesheim 1973.

P.Skok, Etym.Wb
Petar Skok, Etimologijski rječnik hrvatskoga ili srpskoga jezika. 4 Bde. Zagreb 1971—74.

V.Šmilauer, Hb
Vladimír Šmilauer, Příručka Slovanské Toponomastiky. Handbuch der slawischen Toponomastik. Praha 1970.

F.Steinegger, Wilten
Fritz Steinegger, Die gefälschten Urkunden des Bischofts Reginbert von Brixen für das Kloster Wilten. Veröffentlichungen aus dem Stadtarchiv Innsbruck 10 (1956).

W.Steinhauser, Gen.ON
Walter Steinhauser, Die genetivischen Ortsnamen in Österreich. SbbAkadWien 206. 1. Abhandlung (1927).

W.Steinhauser NÖ Orts- u. FlurN
Walter Steinhauser, Zur Herkunft, Bildungsweise und siedlungsgeschichtlichen Bedeutung der niederösterreichischen Orts- und Flurnamen. In: JLNÖ 25 (1932), S. 1—48.

W.Steinhauser, ONB NÖ-Rezension
Walter Steinhauser, Historisches Ortsnamenbuch von Niederösterreich, verfaßt von Heinrich Weigl unter Mitarbeit von Roswitha Seidelmann und Karl Lechner, I. Bd, Wien: 1964. Verein f. Landeskunde von Niederösterreich. Rezension in: ZMdaForschung 33 (1966), S. 74—79.

W.Stelzer, Gelehrtes Recht
Wilfried Stelzer, Gelehrtes Recht in Österreich. Von den Anfängen bis zum frühen 14. Jahrhundert. MIÖG Ergbd 26 (1982).

O.Stolz, GewTir
Otto Stolz, Geschichtskunde der Gewässer Tirols. Schlern-Schriften 32 (1936).

O.Stolz, STir
Otto Stolz, Die Ausbreitung des Deutschtums in Südtirol im Lichte der Urkunden. Hg. v. Institut f. Sozialforschung in den Alpenländern a. d. Universität Innsbruck. Bd 1—4. München u. Berlin 1927—34.

G.Straßberger, nw Waldv
Gerhard Straßberger, Siedlungsgeschichte des nordwestlichen Waldviertels im Lichte seiner Ortsnamen. Forschungen zur Landeskunde von Niederösterreich 11 (1960).

J.Strnadt, Hausruck und Atergau
Julius Strnadt, Hausruck und Atergau. In: AÖG 99 (1912), S. 1—396.

StudMittBened
Wissenschaftliche Studien und Mittheilungen aus dem Benedictiner- (ab Bd 4: und Zisterzienser-)orden mit besonderer Berücksichtigung der Ordensgeschichte und Statistik. Bd 1—31. Brünn 1880—1910. Forts.: Studien und Mitteilungen zur Geschichte des Benediktinerordens und seiner Zweige. NF Bd 1 (32)ff. Salzburg 1911ff.

J.Stülz, SFlorian
Jodok Stülz, Geschichte des regulierten Chorherrn-Stiftes St. Florian. Linz 1835.

J.Stülz, Wilhering
Jodok Stülz, Geschichte des Cistercienser-Klosters Wilhering. Linz 1840.

J.Svoboda, Alttschech.PN
Jan Svoboda, Staročeská osobní jména a naše příjmení. Prag 1964.

J.Tarneller, Eisacktal III
Josef Tarneller, Die Hofnamen im Untern Eisacktal. III: Das rechte Eisackufer von Velturns bis Wangen. In: AÖG 110 (1924), S. 209—370.

Teuthonista
Teuthonista. Zeitschrift für deutsche Dia-

lektforschung und Sprachgeschichte. Hg. von H. Teuchert, Jg. 1—10. Bonn und Leipzig (ab Jg. 6 Halle/Saale). 1924—1934. Forts.: ZMdaForschung.

G.Tinkhauser/L.Rapp, Brixen
G. Tinkhauser, L. Rapp, Topographisch-historisch-statistische Beschreibung der Diözese Brixen. 5 Bde. Brixen 1855—1891.

Tir Hbl
Tiroler Heimatblätter. Bd 1 ff. Innsbruck 1923 ff.

Tir Heimat
Tiroler Heimat. Beiträge zu ihrer Kenntnis und Wertung. Ab Folge 7 als ‚Zeitschrift für Geschichte und Volkskunde Tirols', H. 1—9. Innsbruck 1920—1927. NF Bd 1 ff. (ab Bd 11 ‚Jahrbuch für Geschichte und Volkskunde Tirols') Innsbruck 1928—1938, 1947 ff.

Tir Wb
Josef Schatz, Wörterbuch der Tiroler Mundarten. Für den Druck vorbereitet v. K. Finsterwalder. 2 Bde, Schlern-Schriften 119 und 120. (1955, 1956).

E.Trinks, GründungsU Lambach
Erich Trinks, Die Gründungsurkunden und Anfänge des Benediktinerklosters Lambach. In: JOÖMV 83 (1930), S. 75—152.

E.Trinks, GründungsU Wilhering
Erich Trinks, Die Gründungsurkunden des Zisterzienserklosters Wilhering. In: JOÖMV 82 (1928), S. 79—126.

UH
Unsere Heimat. Zeitschrift des Vereines für Landeskunde von Niederösterreich (und Wien). Jg. 1 ff. Wien 1928 ff.

Th.Unger-Khull, Steir. Wortschatz
Theodor Unger u. Ferdinand Khull, Steirischer Wortschatz, als Ergänzung zu Schmellers Bayerischem Wörterbuch. Graz 1903. Nachdr. Wiesbaden 1968.

P.Unterweger, Diözesangrenzen
Paul Unterweger, Der Wandel der Diözesangrenzen in Osttirol. In: Schlern-Schriften 98 (1952), S. 79—85.

VerhhHistVNdBay
Verhandlungen des Historischen Vereins für Niederbayern. Bd 1 ff. Landshut 1846 ff.

VerhhHistVObPfalz
Verhandlungen des Historischen Vereins (Bd 1: für den Regenkreis) von Oberpfalz und Regensburg. Bd 1 ff. Regensburg 1831 ff.

VeröffFerdinandeum
Veröffentlichungen des Tiroler Landesmuseums Ferdinandeum. Bd 1 ff. Innsbruck 1922 ff.

VeröffHistKommHess
Veröffentlichungen der Historischen Kommission für Hessen und Waldeck. Bd 1 ff. Marburg 1899 ff.

VeröffKommGLkdeBadWürt
Veröffentlichungen der Kommission für geschichtliche Landeskunde in Baden-Württemberg. Bd 1 ff. Stuttgart 1958 ff.

VeröffSchwäbForschGem
Veröffentlichungen der Schwäbischen Forschungsgemeinschaft bei der Kommission für bayerische Landesgeschichte. Reihe 1 (Bd 1) ff. Augsburg 1950 ff.

VeröffStmkLA
Veröffentlichungen des Steiermärkischen Landesarchivs. Bd 1 ff. Graz 1959 ff.

E.Wallner, Freising
Eduard Wallner, Beiträge zum Namenregister der Traditionen des Hochstifts Freising, hg. v. Th. Bitterauf. In: OA 76 (1950), S. 43—102.

A.Walter, Privilegien SFlorian
Anton J. Walter, Die echten und die gefälschten Privilegien des Stiftes St. Florian. In: ArchivalZ 3. Folge, Bd 8 (1932), S. 56—105.

WBÖ
Wörterbuch der bairischen Mundarten in Österreich. Hg. v. der Kommission für Mundartkunde und Namenforschung der Österreichischen Akademie der Wissenschaften. Bd 1 ff. Wien 1970 ff.

W.Wegener, Genealog. Tafeln
Genealogische Tafeln zur mitteleuropäischen Geschichte. Hg. v. Wilhelm Wegener. Göttingen 1962—1969.

P.Wiesinger, Antik-rom. Kontinuitäten
Peter Wiesinger, Antik-romanische Kontinuitäten im Donauraum von Ober- und Niederösterreich am Beispiel der Gewässer-, Berg- und Siedlungsnamen. In: Typen der Ethnogenese, Österreichische Akademie der Wissenschaften, phil.-hist. Klasse, Denkschriften, im Druck.

P.Wiesinger, Bair.Frühzeit in NÖ
Peter Wiesinger, Probleme der bairischen Frühzeit in Niederösterreich aus namenkundlicher Sicht. In: Die Bayern und ihre Nachbarn. Veröffentlichungen der Kommission für Frühmittelalterforschung Bd 8, Österreichische Akademie der Wissenschaften, phil.-hist. Klasse, Denkschriften 179. Bd (1985), S. 321—367.

P.Wiesinger, Besiedlung OÖ
Peter Wiesinger, Die Besiedlung Oberösterreichs im Lichte der Ortsnamen. In: Baiern und Slawen in Oberösterreich. Probleme der Landnahme und Besiedlung. Schriftenreihe des OÖ Musealvereins — Gesellschaft für Landeskunde. Bd 10 (1980), S. 139—210.

P.Wiesinger, GewN u. SiedlgsN OÖ
Peter Wiesinger, Die ältesten Gewässer- und Siedlungsnamen in Oberösterreich. In: Sprache und Name in Österreich. Festschrift für Walter Steinhauser zum 95. Geburtstag. Schriften zur deutschen Sprache in Österreich Bd 6. Wien 1980, S. 255—297.

H.Wiessner/M.Vyoral-Tschapka, Kä 3
Hermann Wiessner, Margareta Vyoral-Tschapka, Hermagor, Spittal/Drau, Villach. Kärntens Burgen und Schlösser. Bd 3, 2. erweiterte Aufl. Wien 1986.

H.Wolfram, Mitteleuropa
Herwig Wolfram, Die Geburt Mitteleuropas. Geschichte Österreichs vor seiner Entstehung. Wien 1987.

O.Wonisch, Traungauer
Othmar Wonisch, Über das Urkundenwesen der Traungauer. In: ZIIVStmk 22 (1926), S. 52—149.

WürtGQ
Württembergische Geschichtsquellen. Ältere Serie I—IV, Beil. zu: WürtVjhH 10 (1887) - 13 (1891). Neuere Serie: Stuttgart 1 (1894) - 25 (1956). Forts.: VeröffKommGLkdeBadWürt.

WürtVjhH
Württembergische Vierteljahreshefte für Landesgeschichte. Bd 1—13. Stuttgart 1878—1891.

A.Zauner, Graf Arnold v.Lambach
Alois Zauner, Die Einforstung der Wälder des Grafen Arnold von Lambach 992/993. In: 23. Jahrbuch des Musealvereins Wels. Festschrift Kurt Holter. (1981), S. 115—144.

A.Zauner, Mondsee
Alois Zauner, Zwei Mondseer Fälschungen aus dem 12. Jahrhundert. In: MOÖLA 4 (1955), S. 276—287.

A.Zauner, U Garsten
Alois Zauner, Der Rechtsinhalt der älteren Garstener Urkunden. In: MOÖLA 5 (1957) S. 265—310.

A.Zauner, U Gleink
Alois Zauner, Die Urkunden des Benediktinerklosters Gleink bis zum Jahre 1300. In: MOÖLA 9 (1968), S. 22—162.

A.Zauner, Wilhering
Alois Zauner, Die Geschichte des Klosters Wilhering bis zum Jahre 1236. In: MOÖLA 13 (1981), S. 107—220.

ZAV
Zeitschrift (Jahrbuch) des Deutschen und Österreichischen Alpenvereins. Jg 1 ff. München—Innsbruck 1869 ff.; seit 1947: des Österreichischen Alpenvereins.

ZBLG
Zeitschrift für bayerische Landesgeschichte. Hg v. der Kommission für bayerische Landesgeschichte bei der Bayerischen Akademie der Wissenschaften in Verbindung mit der Gesellschaft für fränkische Geschichte. Bd 1 ff. München 1928 ff., Beih. Reihe A 1. München 1966 ff.

ZdtMda
Zeitschrift für Deutsche Mundarten. Hg. v. O. Heilig, Ph. Lenz, H. Teuchert u. a. 1906—1923. Forts.: Teuthonista.

ZMdaForschung
Zeitschrift für Mundartforschung. Hg. von W. Mitzka und L. E. Schmitt. Jg. 11—35.

Halle/Saale (ab Jg. 19 Wiesbaden) 1935—1968. Forts.: ZDL.

ZDL
Zeitschrift für Dialektologie und Linguistik. Hg. von L. E. Schmitt. Jg. 36 ff. Wiesbaden 1969 ff.

ZFerdinandeum
Zeitschrift des Ferdinandeums für Tirol und Vorarlberg. 60 Bde. Innsbruck 1835—1920. Forts.: VeröffFerdinandeum.

ZHVStmk
Zeitschrift des Historischen Vereines für Steiermark. Bd 1 ff. Graz 1906 ff.

L.Ziller, Aberseer NB
Leopold Ziller, Aberseer Namenbuch. Flur-, Haus- und Familiennamen des Gerichtsbezirkes St. Gilgen. St. Gilgen—Fuschl—Strobl 1977.

ZONF
Zeitschrift für Ortsnamenforschung. Hg. von J. Schnetz. Bd 1—13. Berlin 1925—1937. Forts.: Zeitschrift für Namenforschung. Bd 14—19. Berlin 1938—1942.

Allgemeine Abkürzungen

A	Akkusativ
abair.	altbairisch
abgek.	abgekommen
Abh(h)	Abhandlung(en)
Abk.	Abkürzung
Abl.	Ablativ
Abltg.	Ableitung
Abt.	Abteilung
Adj.	Adjektiv, adjektivisch
Adv.	Adverb, adverbial
Affr., affr.	Affrikata, affriziert
afränk.	altfränkisch
ahd.	althochdeutsch
akslaw.	altkirchenslawisch
alem.	alemannisch
allg.	allgemein
altdt.	altdeutsch
an.	altnordisch
Anh.	Anhang
Anlt., anlt.	Anlaut, anlautend
Anm.	Anmerkung
Ann	Annalen
Apok., apok.	Apokope, apokopiert
apreuss.	altpreussisch
Appell., appell.	Appellativ, appellativisch
AR	Alte Reihe
AS	Alte Serie
aslaw.	altslawisch
Assim., assim.	Assimilation, assimiliert
Attrib., attrib.	Attribut, attributiv
Aufl.	Auflage
B	Burgenland
b.	bei(m)
BachN	Bachname
bair.	bairisch
Bay	Bayern
Bd, Bde	Band, Bände
Bearb., bearb.	Bearbeiter, bearbeitet
Bed., bed.	Bedeutung, bedeutet, bedeutend
Beih., Beihh.	Beiheft, Beihefte
Beilg., Beilgg.	Beilage, Beilagen
BergN	Bergname
bes.	besonders
betr.	betreffend, betrifft
Bez., bez.	Bezeichnung, bezeichnet
Bibl.	Bibliothek
breon.	breonisch
Bsp.	Beispiel
buch.	buchensteinisch
BurgenN	Burgenname
BW	Bestimmungswort
bzw.	beziehungsweise
C	Kopie(n); Kodex
c.	capitulum
ca.	cirka
CD	Codex diplomaticus
D	Diplom; Dativ
Dat.	Datierung
dass.	dasselbe
Dekl., dekl.	Deklination, dekliniert
dgl.	der-, desgleichen
d. h.	das heißt
d. i.	das ist
Dimin., dimin.	Diminutiv, diminutivisch
Diphth., diphth.	Diphthong(-ierung), diphthongisch
Diss.	Dissertation
Dissim., dissim.	Dissimilation, dissimiliert
Dr	Druck
d. s.	das sind
dt.	deutsch
Dv	Dorsualvermerk
ebd.	ebenda, -dort
Ed., ed.	Edition, Editor, ediert
ehem.	ehemalig
ellipt.	elliptisch
Endg.	Endung
Ergbd, Ergh	Ergänzungsband, -heft
etc.	et cetera
Etym., etym.	Etymologie, etymologisch
ev.	eventuell
F	Fälschung
f.	Femininum
f., ff.	folgende Seite(n)
Faks.	Faksimile
FamN	Familienname
fasc.	Faszikel
flekt.	flektiert
Flex.	Flexion
FlurN	Flurname
FlußN	Flußname
fol., fol.'	folio, folio Rückseite
fortges.	fortgesetzt
Forts.	Fortsetzung
frz.	französisch
G	Genitiv
gall.	gallisch
GB	Gerichtsbezirk

GebN	Gebirgsname
gedr.	gedruckt
GegN	Gegendname
Gem.	Gemeinde
gepr.	geprüft (= kollationiert)
germ.	germanisch
ges.	gesammelt
GewN	Gewässername
GewW	Gewässerwort
gleichz.	gleichzeitig
got.	gotisch
GW	Grundwort
H	Einzelhaus
H.	Heft
hebr.	hebräisch
Hg., hg.	Herausgeber, herausgegeben
hist.	historisch
Hl.	Heilige(r)
HofN	Hofname
Hs., Hss.	Handschrift(en)
hypokor.	hypokoristisch
I	Italien
ib.	ibidem
i. d.	in der (dem)
Ident.	Identifizierung
idg.	indogermanisch
illyr.	illyrisch
Imp., imp.	Imperativ, imperativisch
Ind.	Indikativ
Inf.	Infinitiv
Inlt., inlt.	Inlaut, inlautend
Innov	Innovation
Ins	Insert
it.	italienisch
Jb., Jbb.	Jahrbuch, -bücher
Jg., Jgg.	Jahrgang, -gänge
Jh.	Jahrhundert
JhA, JhE, JhM	Anfang, Ende, Mitte des Jahrhunderts
JhI, JhII	erste, zweite Hälfte des Jahrhunderts
K	Königs-, Kaiserurkunde; Kärnten
kaiserl.	kaiserlich
Kap.	Kapitel
kelt.	keltisch
Kf.	Kurzform
KG	Katastralgemeinde
kgl.	königlich
KL	Klosterliteralien
Koll., koll.	Kollektiv, kollektiv
Koll.Suff.	Kollektivsuffix
Komp.	Kompositum
Kontr., kontr.	Kontraktion, kontrahiert
Korr., korr.	Korrektur, korrigiert
kroat.	kroatisch
KU	Klosterurkunde(n)
KurzN	Kurzname
L	Lokativ
lad.	ladinisch
LandschaftsN	Landschaftsname
lat.	lateinisch
l. c.	loco citato
LehnW	Lehnwort
Lfg., Lfgn.	Lieferung(en)
Lit.	Literatur
Lok.	Lokalisierung
lt.	laut
Ltg.	Lautung
l. z.	links zur, zum (mit FlußN)
m.	Maskulinum
magy.	magyarisch
masch.	maschinschriftlich
mbair.	mittelbairisch
Mda., mdal.	Mundart, mundartlich
mhd.	mittelhochdeutsch
mir.	mittelirisch
mlat.	mittellateinisch
Monoph.	Monophthong(-ierung)
Ms	Manuskript
N	Niederösterreich; Nominativ
n	nördlich
n.	Neutrum
Nachdr.	Nachdruck
Nachtr.	Nachtrag
Nas., nas.	Nasal, nasaliert
Neudr.	Neudruck
NF	Neue Folge
nhd.	neuhochdeutsch
NK	Namenkunde
Nr	Nummer
NR	Neue Reihe
NS	Neue Serie, Nova Series
Num.	Numerale
O	Oberösterreich
ö	östlich
Ö	Österreich
obd.	oberdeutsch
od.	oder
o. D., o. J.	ohne Datum, Jahr
ÖK	Österreichische Karte 1:50.000

ON Ortsname
oö oberösterreichisch
Or Originalurkunde(n)

P Papsturkunde
p. pagina
Part., part. Partizip, partizipial
patron. patronymisch
PB Politischer Bezirk
PflanzenN Pflanzenname
phil. philosophisch
philol. philologisch
Pl. Plural
PN Personenname
poss. possessivisch
Präf., präf. Präfix, präfigiert
Präp.,präp. Präposition, präpositional
Prov. Provenienz, Provinz

Q Quellen

RaumN Raumname

Reg. Register
rom. romanisch
Ru Ruine
RV Randvermerk
r. z. rechts zur, zum (mit FlußN)

S Salzburg
S. Seite
s. siehe
s südlich
s. d. siehe diese(s)
Sg. Singular
slaw. slawisch
slowen. slowenisch
s. o. siehe oben
Sp. Spalte
St Steiermark
St. Sankt
StadtA Stadtarchiv
stf., stm., stn. starkes Femininum (Maskulinum, Neutrum)
StiA Stiftsarchiv
Stt Stadtteil
Subst., subst. Substantiv, substantivisch
Suff., suff. Suffix, suffigiert
Supp. Supplement
swf., swm., swn. schwaches Femininum (Maskulinum, Neutrum)
Syn. Synonym

T Tirol
T., Tle Teil, Teile
Teildr. Teildruck
topon. toponymisch
Tr Tradition
Transs Transsumpt
tw. teilweise

U Urkunde(n)
u. a. und andere(s)
u. ä. und ähnlich(es)
übers. übersetzt
Umlt. Umlaut
unflekt. unflektiert
ung. ungarisch
urgerm. urgermanisch
urk. urkundlich
urspr. ursprünglich
usw. und so weiter

v. von
Var. Variantenapparat
Vb. Verbum
verf. verfaßt
Vf Verfälschung
vgl. vergleiche
Vid Vidimus
viell. vielleicht
vlat. vulgärlatein
vol. Volumen (= Band)
VolksN Volksname
VollN Vollname
vordt. vordeutsch
vorgerm. vorgermanisch
vorrom. vorromanisch
vorröm. vorrömisch
vorslaw. vorslawisch
VU Vorurkunde

W Wien
w westlich
wahrsch. wahrscheinlich
WaldN Waldname
wg. westgermanisch
wlad. westladinisch
w. o. wie oben
Wz. Wurzel

Xerokop. Xerokopie

z. B. zum Beispiel
zlad. zentralladinisch
zw. zwischen